Phänomen-Verlag

Jeremy Johnson

DIE WELT WAHREN

SEEING THROUGH THE WORLD

Bibliografische Information Der Deutschen Bibliothek:
Die Deutsche Bibliothek verzeichnet diese Publikation in der Deutschen Nationalbibliografie; detaillierte bibliografische Daten sind im Internet über http://dnb.ddb.de abrufbar.

Jeremy Johnson
Die Welt wahren
EAN 978-84-125877-9-1

Aus dem Amerikanischen übersetzt von Tom Amarque
Phänomen-Verlag
Web: www.phaenomen-verlag.de
E-Mail: kontakt@phaenomen-verlag.de

Satz & Gestaltung: Phänomen-Verlag, 2022

Inhalt

Jeremy Johnson: Seeing through the world – Die Welt wahren

Jeremy Johnson hat ein ausgezeichnetes Buch über Jean Gebser geschrieben. Er hat darin nicht nur Gebsers wichtigste Einsichten zusammengefasst. Er gibt aus eigener innerer Einsicht weiter, was er von Gebser und von seinem Hauptwerk *Ursprung und Gegenwart* (*The Ever-present Origin*) verstanden hat, und das sind aus meiner Sicht tiefe und befreiende Gedanken.

Jeremy Johnson befasst sich in seinem Buch u.a. mit folgenden zentralen Gedanken Gebsers:

Wir kommen nirgends her
wir gehen nirgends hin

Solange wir die Bewusstseinsgeschichte als Stufenweg einer Höherentwicklung verstehen, sind wir noch in der mentalen Konzeption des Fortschritts gefangen. Es gibt kein «Leitern Spiel» der Höherentwicklung zu gewinnen. Gebser macht vielmehr auf die Vielfalt der Bewusstseinsmöglichkeiten aufmerksam, auf die Vielschichtigkeit, welche jetzt und immer wirksam ist. Natürlich gibt es Geschichte als Bewusstseinsgeschichte. Die ist aber weder klar einteilbar wie ein Fahrplan, noch ist die Vielfalt und Fülle jemals nicht vorhanden. Sie ist allerdings weniger oder mehr bewusst, weniger oder mehr explizit da, im Leben eines Einzelnen, im Leben einer Kultur.

Zu viel erklären macht die Dinge dunkel

Gebser ist die Sprache wichtig. Er versucht nicht nur über das Integrale zu schreiben, sondern in der Sprache, in der Darstellung das Integrale zu verwirklichen. Systase und Synairese nennt Gebser eine Darstellungsform, die nicht mehr systematisch ist, sondern konstellierend transparent macht, worum es geht. Diese neue Sprachform des Aperspektivischen ist Jeremy Johnson sehr wichtig, er wendet sie selber an und es ist erstaunlich, wie er diesen Aspekt Gebsers gesehen und wertgeschätzt hat, obwohl er Gebser nicht im Original, sondern in der allerdings sehr guten, amerikanischen Übersetzung von Barstad kennen gelernt hat.

Teilnehmen, teilgeben

Die Transparenz des Ganzen, welche in der magisch-mythischen Welt noch ahnbar war und in der mentalen Welt verlorenging in der Verdinglichung der realen Welt, in der analytischen Konzentration auf Teilaspekte, wird in der integralen Welt wiederentdeckt. Der Bezug zum Ganzen kann gelebt werden in der Teilhabe an der Vielschichtigkeit der Welt.

Das Sich anstelle des Ichs

Das heute notwendige ökologische Denken geht über das egozentrische Interesse des Einzelnen hinaus und bezieht bewusst ein, was der natürlichen Lebensgemeinschaft zugutekommt. Diesen «non-human turn», der uns von der Anthropozentrik befreit, bringt Jeremy Johnson in Zusammenhang mit dem Gedanken Gebsers, dass der Mensch im integralen Bewusstsein sich von der perspektivischen Verengung der Sicht und der Isolation des Ichs löst und das «Sich» entdeckt, das Bezogensein, die Beziehung, in der wir immer schon leben, der wir aber bewusst werden müssen, wenn wir überleben wollen.

Das Anthropozän, das Zeitalter der weltumspannenden Dominanz des Menschen, ist an sein Ende gekommen.

Das Urvertrauen ist eine Haltung (stance) und ein Gehaltenwerden

Am Ende seines Buches kommt Jeremy Johnson auf das zu sprechen, was Gebser in seinen letzten Schriften das Wichtigste war: Das Urvertrauen, primal trust. Es geht um die Möglichkeit, aus dem Ursprung (nicht dem Anfang) heraus zu leben. Das bedeutet auch, aus der Zukunft heraus zu handeln. Wir können verwurzelt sein im Reichtum unseres Potentials. Dadurch bekommen wir wieder und wieder Möglichkeiten, Gestaltungs- und Lebensmöglichkeiten.

Jeremy Johnson ist zurzeit Präsident der Gebser Gesellschaft der USA, er gibt Gebser Onlineseminare, an denen auch wir teilnehmen können. Bald soll ein neues Buch von ihm herauskommen, worin es um die praktische Umsetzung des integralen, aperspektivischen Bewusstseins in unserem Alltag und Sozialleben geht.

Grossen Dank verdienen Tom Amarque, der den Text übersetzt hat und Michael Högger, welcher dieses Buchprojekt ermöglichte.

Rudolf Hämmerli
(Herausgeber der Gebser Gesamtausgabe, Novalis Verlag, Mitherausgeber der Jean Gebser Reihe im Chronos Verlag, Nachlassverwalter von Jean Gebser)

Die kursiv gedruckten Überschriften zu den einzelnen Punkten sind von mir ausgewählte Gebser Zitate aus seinen Gedichten und Schriften.

„Uns kommt es auf eine neue Wirklichkeit an, die ganzheitlich wirkende Wirklichkeit ist; in welcher Potenz und Akt als Wirkendes und Bewirktes gegenwärtig sind; in welcher der Ursprung dank der Gegenwärtigung neu aufblüht und in der die Gegenwart umfassend und ganzheitlich ist. Diese ganzheitliche Wirklichkeit ist Weltdurchsichtigkeit, eine Weltwahr-Nehmung: ein Wahr-Nehmen und Wahr-Geben der Welt und des Menschen und alles dessen, was die Welt und den Menschen durchscheint.“

– Jean Gebser, Ursprung und Gegenwart, 76.

„Dieses Werk richtet sich an jeden Menschen, also nicht nur an den, der Wissen schafft, sondern vor allem auch an den, der Wissen lebt.“

– Jean Gebser, Ursprung und Gegenwart, 64

Für:

Meine Mutter, meinen Vater und meinen Bruder
dass sie mich über Ursprünge belehrt und mich auf meinen Weg gebracht haben.

Meiner Frau Natalie für ihre liebevolle Unterstützung und tägliche Ermutigung.

Die Internationale Jean Gebser Gesellschaft: Sie hat mir alles beigebracht, was ich weiß.

*

Die integrale Welt, diese allgegenwärtige Realität, die diese Arbeit inspiriert und der
all meine Bemühungen gewidmet sind.

Danksagungen

Ich möchte Jenn Zahrt, meiner Freundin und Herausgeberin, danken, die mich ermutigt und dann mit mir zusammengearbeitet hat, um dieses Buch zu schreiben. Es ist mir eine Ehre, die Verfügbarkeit von Sekundärliteratur zu Jean Gebser in der deutschsprachigen Welt zu fördern – Gebsers Zeit ist wirklich gegenwärtig und vorausschauend, und ich hoffe, dass weitere folgen werden.

Der Internationalen Jean Gebser Gesellschaft gebührt mein größter Dank. Meine Mitstreiter und „Gebserianer" haben mir als kollektive Mentoren gedient, seit ich im Oktober 2013 begann, an den jährlichen Konferenzen teilzunehmen. Vieles von dem, was ich in diesem Buch dargelegt habe, ist zu einem nicht geringen Teil den erhellenden und anregenden Gesprächen zu verdanken, die wir jedes Jahr miteinander geführt haben – wir sind von Konferenzort zu Konferenzort gesprungen – von Los Angeles nach Seattle und New York – und haben dabei die unerschöpfliche Exegese der Bedeutung von *Ursprung und Gegenwart* vertieft und das Wesen des integralen Bewusstseins in unserer herausfordernden Zeit erkundet.

Die spirituellen und philosophischen Werke von Jean Gebser, Pierre Teilhard de Chardin, Sri Aurobindo und Mirra Alfassa waren für mich als Denker von grundlegender Bedeutung und hatten für meine persönliche, evolutionäre Kosmologie sogar spirituellen Charakter.

Großer Dank gebührt William Irwin Thompson, dessen Arbeit und Schriften für mich grundlegend waren und dem ich dankbar bin, weiterhin Ideen und Erkenntnisse auszutauschen.

Meine tiefe Wertschätzung gilt auch John David Ebert, John Dotson, Michael Purdy, Dave Zuckerman, Hans Gruenig, Sabrina Dalla Valle, J.F. Martel, Matthew T. Segall, Marco Morelli, Lisa Maroski, Gary Lachman, Heather Fester, Peter Weston, Brandt Stickley, Donna Schill und Glenn Aparicio Parry für unsere kontinuierlichen Gespräche und/oder Anregungen, die diesem Buch auf seinem Weg geholfen haben.

Die Integral European Conference 2018 in Ungarn, bei der ich die Ehre hatte, einen Vortrag zu halten, war ein weiterer großer Segen für das Interesse an Gebser. Viele Teilnehmer hatten dort ihr enthusiastisches Interesse bekundet, mehr über die Strukturen des Bewusstseins zu lesen und wünschten sich eine Einführung für Gebser-Anfänger, und daher verdankt dieses Buch viel ihrem Enthusiasmus. Ich bin dankbar für die vielen Jahre des Dialogs mit der Gemeinschaft der Integralen Theorie in den Vereinigten Staaten und im Ausland und für die Schriften von Ken Wilber, in denen ich vor langer Zeit ein literarisches Portal zu Gebser, Teilhard, Aurobindo und anderen entdeckte.

Schließlich möchte ich all meinen Patreon-Gönnern für ihr anhaltendes Engagement und ihre Unterstützung danken, wobei mein besonderer Dank denjenigen gilt, die die Stufe „Super Team“ und höher erreicht haben: Alice Gormley, Alise Vanhecke, Conner Habib, David W. Pryor, Fred van Heukelom, Jeff Salzman, Nathan Snyder, Peter Weston, Riina Raudne, Samantha Leskie, und Tim Mansfield.

1. Auf dem Weg zu einer integralen Philosophie der Gegenwart

Zeit ist Sein und Sein ist Zeit, es ist alles eins, das Leuchtende, das Sehende, das unbregrenzte Dunkle.

– Ursula K. Le Guin[1]

JEAN GEBSER (1905-1973) war ein deutsch-schweizerischer Kulturphilosoph, intellektueller Mystiker, Dichter und Gelehrter der Evolution des Bewusstseins. Viele kennen ihn für seinen meisterhaften Text *Ursprung und Gegenwart* (1949-1953), ein gewaltiger Band, der Kunst, Sprache und die Geschichte der Menschheit in allen Einzelheiten behandelt. Obwohl er weniger bekannt ist als vielleicht C. G. Jung, Erich von Neumann (*Ursprungsgeschichte des Bewusstseins*), Pierre Teilhard de Chardin (*Der Mensch im Kosmos*) oder Sri Aurobindo Ghose (*Das göttliche Leben auf Erden*), bietet Gebser jedoch immense Einsichten für Wissenschaftler und Studenten gleichermaßen in die Entwicklung des Bewusstseins. Gebser, dessen Lebenszeit sich über die Mitte des 20. Jahrhunderts erstreckte, sah seine Zeit, die wohl *auch* die unsere ist, als eine Zeit enormer Potenzierung, die durch Krisen katalysiert wurde. Eine Lösung *innerhalb* der Auflösung und eine *latente* spirituelle Mutation in der Menschheit arbeitet auf ihre Verwirklichung hin. Dieses anbrechende integrale Zeitalter – ich werde in diesem Buch versuchen, den

1. Ursula K. Le Guin, *Late in the Day: Poems* 2010-2014 (Oakland: PM Press, 2016), Kindle edition, 251.

Begriff „integral aperspektivisch“ einzuführen und dem Leser zu vermitteln – ist nichts weniger als ein Sprung von jener Zivilisation aus, wie wir sie kennen (zu *was*, dies wissen wir noch nicht). Es ist ein für uns unergründliches, aber notwendiges Zeitalter, eines, von dem Gebser meint, dass „der geteilte Mensch durch den ganzen Menschen ersetzt wird“.[2] Der Schlüssel zum Verständnis dieses Sprungs ist nicht bloßes intellektuelles Verständnis, sondern eine Form geistiger *Klarheit*, ein Erkennen der Ganzheit, ein *Miteinander* von Vergangenheit, Gegenwart und Zukunft. Zu Beginn ist das Integrale eine *Intensivierung* der ursprünglichen Gegenwärtigkeit in der menschlichen Person.

Im Donnergrollen der immanenten Gegenwart ist alles, was wir *sind*, alles, was wir *gewesen sind*, und alles, was wir *sein könnten*, auf radikale Weise *mit* uns.

Die Zeit ist ganz und deshalb bist du ganz.

Obwohl sie ihm in den frühen 1930er Jahren in einer „blitzartigen“ Inspiration kam, musste Gebsers integrale Erkenntnis über viele Jahre der Reifung und des persönlichen Wachstums sorgfältig artikuliert werden.[3] Was als Beschreibung der *gegenwärtigen* Mutation begann, die auf den Zusammenbruch Europas mit dem Ausbruch des Faschismus und zweier Weltkriege und auf das gleichzeitige Versprechen einer neuen Form des Bewusstseins folgte, die in der Poesie von Rainer Maria Rilke oder der post-newtonschen Wissenschaft der Quantenphysik zum Ausdruck kam, weitete sich auf die Untersuchung *anderer* epochaler Verschiebungen in der menschlichen Geschichte aus. Ein Beispiel ist der Sprung von der *mythischen* zur *mentalen* Struktur zur Zeit von Sokrates in der griechischen Antike (Marshall

---

2. Georg Feuerstein, *Structures of Consciousness* (Lower Lake: Integral Publishing, 1987), 170.

3. Ebd., 25.

McLuhan, jener Medientheoretiker, der mit dem Satz „Das Medium ist die Botschaft" berühmt geworden ist, wurde mit Gebser verglichen und würde ähnliche Schlussfolgerungen über einen Sprung in den „Verhältnissen der Sinne" durch das Aufkommen der griechischen Buchstabenschrift und der Schriftsysteme ziehen).[4] Gebser hatte diese qualitativ unterschiedlichen Welträume, die nicht weniger wirklich sind als unsere eigenen, mit *phänomenologisch* einzigartigen Beziehungen zu Zeit und Raum als die *Strukturen des Bewusstseins* beschreiben. Diese umfassen, kurz gesagt, das Archaische, das Magische, das Mythische, das Mentale und das Integrale – jede von ihnen eine grundlegende Überarbeitung dessen, was es bedeutet, in der Welt zu sein, und was die Welt für uns *ontologisch* ist (was in der Philosophie das Studium der Natur des *Seins* meint). Diese Strukturen sind für den sensiblen Leser nicht nur kategorischer Natur (wie etwa der Strukturalismus von Claude Lévi-Strauss und die Sozialwissenschaften[5]), sondern sie sind *lebendige* Realitäten, die man unmittelbar in sich selbst begreift. In der Tat ist eine der Voraussetzungen für Gebsers integrales Bewusstsein die gelebte Erfahrung der *Konkretion*, d.h. das Bewusstsein, dass die früheren Strukturen sehr *lebendig*, wenn auch latent, in der Gegenwart vorhanden sind. Wie William Faulkner in *Requiem*

4. William Irwin Thompson, *Coming into Being: Artifacts and Texts in the Evolution of Consciousness* (Berkeley: Evolver Editions, 2015), 14.

5. Der Strukturalismus ist eine Denkschule in den Sozialwissenschaften, die von Anthropologen wie Claude Lévi-Strauss oder Psychologen wie Jacques Lacan geprägt wurde. Sie ist seit der rekonstruktiven Welle französischer Intellektueller wie Michel Foucault und Jacques Derrida im späten zwanzigsten Jahrhundert in Ungnade gefallen. Typisch für Gebser ist, dass sich seine Bewusstseinsstrukturen nicht einfach kategorisieren lassen. Seine Methodologie – eine Phänomenologie des Bewusstseins, die sich auf eine anfängliche Intuition des Aperspektivischen stützt – kann sich sowohl auf Strukturalisten als auch auf poststrukturalistische Denker beziehen.

für eine Nonne bemerkte, „ist die Vergangenheit niemals tot, sie ist noch nicht einmal vergangen".

Gebsers Strukturen bieten uns ein umfassendes Bild der Menschheit: vom Ereignishorizont der Hominisation des *Archaischen* über das vitalistische Träumen und die Verflechtung der paläolithischen Höhlenmalereien von Chauvet und Lascaux des *Magischen* bis hin zur Kathedrale von Chartres und der himmlischen, beseelten Kosmologie des *Mythischen*, mehr noch zur entstehenden räumlichen und messbaren Wachwelt des *Mentalen*. Man beachte jedoch, dass der träumende Geist und der wache Geist einander weder unter- noch übergeordnet sind; sie sind vielmehr Mitbestandteile einer größeren Realität. Das Integrale ist für Gebser mit *Klarheit* vergleichbar, Diaphaneität. Es gehört weder dem Geist des Tageslichts noch der Dämmerung an, sondern erreicht ein luzides *Durchschauen* dieser Welten, die die unerschöpflichen Aspekte des Realen,[6] des geistigen Ursprungs, widerspiegeln.

Was bedeutet *Ursprung* für Gebser? Gebser ist hier zuweilen schwer greifbar und versucht sowohl eine symbolisch-mythische als auch eine präzise, rein rationale Sprache zu vermeiden (damit ist also weder das mythisch wirkende Bild eines „Urfunkens" noch das mentale, hegelianische „Sein"[7] gemeint). Der Ursprung ist weder zeit- noch raumgebunden, sondern ist der *Urheber* oder die Quelle von allem, was zeit- und raumgebunden *ist.*

„Man könnte sagen, es ist die schiere Gegenwart", schreibt Feuerstein.[8] Gebser hat den Ursprung auch als „Sich" oder „alles Durchscheinende"[9] beschrieben. Feuerstein findet eine Entsprechung im „Überbewusstsein" des Hinduismus. „Für

6. Siehe J.F. Martels *Reclaiming Art in the Age of Artifice: A Treatise, Critique and Call to Action* (Berkeley: Evolver Editions, 2015), Kapitel 2.

7. Feuerstein, *Structures of Consciousness*, 43.

die erleuchteten Wesen des Hinduismus ist *Atman*, welches korrekt mit ‚Selbst' wiedergegeben werden kann, das makellose Bewusstsein oder der ‚Zeuge' ... nach ihrem Verständnis ist dieser Zeuge völlig uneingeschränkt, transpersonal, absolut."[10] Das Integrale ist also eine Aktualisierung dieser ursprünglichen Gegenwart im menschlichen Bewusstsein – ein Bewusstwerden, ein „*wahren*" – und die Integration aller früheren Strukturen. Wir könnten auch anmerken, dass das Bewusstsein für Gebser die Fähigkeit des Menschen ist, diese Strukturen zu integrieren, was letztlich nicht von den synthetisierenden Fähigkeiten des Mentalen abhängt, sondern von der ursprünglichen spirituellen Gegenwart – daher die Notwendigkeit einer Intensivierung der *Gegenwart* als Vorstufe zu ihrer Integration und Verwirklichung.

Das integrale Umfeld

Wer das Buch *Ursprung und Gegenwart* liest, wird sofort spüren, mit welcher Sorgfalt die ästhetischen Besonderheiten bestimmter Kunstwerke behandelt werden: wie etwa eine paläolithische Maske ohne Mund und was wir daraus über das auditive Umfeld der magischen Struktur ablesen können. Oder wie ein minoisches Fresko Bände über die Entstehung der Seele spricht, oder sogar wie die Dimension der Zeit in einem Picasso-Gemälde verwirklicht wird. Diese Liebe zum Detail ist zumindest teilweise auf Gebsers eigenen biografischen Kon-

8. Ebd., 42. „In der integralen Struktur des Bewusstseins ist diese Tatsache selbstverständlich: die ursprüngliche Gegenwart ist „vergegenwärtigt". Und diese Vergegenwärtigung des geistigen Ursprungs befähigt den Menschen, die potentielle Exklusivität aller Bewusstseinsstrukturen zu transzendieren."

9. Jean Gebser, *Ursprung und Gegenwart*, 219. Im Folgenden UUG.

10. Feuerstein, *Structures of Consciousness*, 43.

text zurückzuführen. Letzteres Beispiel war nicht zufällig: Er war mit Pablo Picasso und vielen anderen Persönlichkeiten seiner Zeit befreundet. Dazu gehörten Federico Garcia Lorca und Werner Heisenberg sowie Religionswissenschaftler und Psychologen wie C. G. Jung, Lama Anagarika Govinda und Daisetsu Teitaro Suzuki. Letzterer bestätigte Gebsers Satori-Erlebnis im indischen Sarnath, auf das wir später in diesem Band noch näher eingehen werden. Gebser besuchte die berühmten Eranos-Vorlesungen in der Schweiz Aufgrund dieser Korrespondenz und dieser gelehrten Bekanntschaften schlug Gebser in seiner Schrift *Der grammatische Spiegel*, die dem Buch *Ursprung und Gegenwart* vorausging, erstmals die „drei europäischen Welten" des *Unperspektivischen*, des *Perspektivischen* und des *Aperspektivischen* vor. Diese drei Welten bieten einen breiteren Überblick über die Bewusstwerdung von Raum und Zeit, und diese Strukturen können uns konkretere Details liefern. Man denke zum Beispiel an den Übergang von der *unperspektivischen* mittelalterlichen Ikonographie zum *perspektivischen* Realismus in der Renaissancemalerei (auf den wir in den folgenden Kapiteln noch näher eingehen werden). Darüber hinaus entdeckte und beschrieb Gebser später die „überragenden" Werke von Teilhard de Chardin und Aurobindo und stellte fest, dass sie das neue Bewusstsein unabhängig voneinander bestätigten. Sowohl in Aurobindos Werk als auch in seinem eigenen wird der Begriff „integral" verwendet, obwohl Aurobindo dieses neue Bewusstsein vor allem als das *Supramentale* beschreiben würde.[11]

11. Gebser, UUG, 64. Für Aurobindo ist es das supramentale Bewusstsein, das von der Menschheit erreicht wird, aber er bezeichnete diese spirituelle Arbeit auch als integralen Yoga. Gebser stellt auch fest, dass Teilhard dieses neue Bewusstsein von einer „katholischen Position" aus angeht.

Wir erkennen hier etwas, das man als ein *neu entstehendes integrales Umfeld* bezeichnen könnte, das in der Mitte des zwanzigsten Jahrhunderts entstand.[12]

1985, zwölf Jahre nach Gebsers Tod, wurde *Ursprung und Gegenwart* von dem Germanisten Noel Barstad (in Zusammenarbeit mit dem Philosophieprofessor Algis Mickunas) ins Englische übersetzt und erreichte die Bewusstseinskultur in den Vereinigten Staaten. Ken Wilber, ein in Colorado ansässiger Philosoph, hat dazu beigetragen, die Philosophie des Integralen neu zu beleben und enorm zu popularisieren, und hat sogar Gebsers Terminologie (magisch, mythisch, mental usw.) für seine eigene Integrale Theorie in Texten wie *Halbzeit der Evolution, Das Atman Projekt* und *Eros, Kosmos, Logos* übernommen. Doch was Gebser in all dem wohl außergewöhnlich macht, ist sein einzigartiger phänomenologischer Ansatz zum integralen Bewusstsein und den Strukturen – es ist *nicht* entwicklungsorientiert. Es handelt sich auch nicht um ein Werk ausgeklügelter metatheoretischer Abstraktion.[13] Tatsächlich wird Gebser während des größten Teils von *Ursprung und Gegenwart* immer wieder versuchen, den natürlichen Machenschaften des kategorischen Verstandes zu entkommen. Ein Großteil der zeitgenössischen integralen Studien hat sich, wie die größere Human-Potential-Bewegung und Bereiche wie die transpersonale Psychologie, vorwiegend auf die stufenzentrierten Modelle der metatheoretischen und psychosozialen Entwicklung gestützt, um ihre Argumente für ein neues Bewusstsein vorzu-

12. Und weiter: Haridas Chaudhuri, ein Schüler Sri Aurobindos, war Mitbegründer und erster Präsident des California Institute of Integral Studies (ehemals American Academy of Asian Studies), das die Mission einer integralen Pädagogik weiter vorantreibt und die Gründung des Esalen-Instituts katalysierte (Michael Murphy ließ sich von Sri Aurobindo in dem klassischen Text der Human-Potential-Bewegung The Future of the Body, 1992, spirituell tief inspirieren).

bringen (wobei das Meta-Denken auf den höheren Ebenen derselben Modelle angesiedelt wird).

Während ich diese zeitgenössischen Ansätze respektiere und intuitiv weiß, dass sie in persönlichen, therapeutischen und manchmal auch organisatorischen Kontexten sehr hilfreich sind, habe ich das Gefühl, dass es noch *andere* Möglichkeiten gibt, die Komplexität der kulturellen Entwicklung auszudrücken, ohne sich mit dem zu belasten, was Gebser als die Probleme der späten Phase der mentalen Struktur (des *mental-rationalen*) beschreiben würde: ein räumlich fixiertes Bewusstsein, das seine Ströme quantifiziert und die lebendige Realität letztlich in einzelnen Landkarte festhält, die alles erklären soll. Es ist eher ein phänomenologischer Ansatz erforderlich, ein Ansatz, der mit dem vergleichbar ist, was William Irwin Thompson und der Mathematiker Ralph Abraham als „komplex-dynamische Mentalität" bezeichnen, oder eben mit Gebsers eigenem *aperspektivischen* Ansatz. Das heißt, eine Form des Denkens, die prozessorientiert und deskriptiv ist und in ununterbrochenen Strömen des *Werdens* besteht und nicht in

13. Dies ist ein „Markenzeichen" der jüngsten zeitgenössischen Diskussion über Bewusstseinsmodelle, die ich auf Veranstaltungen wie der MetaIntegral-Theoriekonferenz 2013, auf der die Werke des Philosophen Roy Bhaskar, Ken Wilber und Edgar Morin zu einem „Meta-Integral"-Rahmenwerk zusammengefasst wurden, mit Sympathie verfolgt habe. Meta-Denken ist im Allgemeinen symptomatisch für eine Hypersynthese und theoretische Integration. Gebsers Ansatz ist zwar nützlich und bisweilen auch interessant, aber es ist keine Theorie über Theorien und versucht auch nicht herauszufinden, wie verschiedene Theorien zusammenpassen. Seine Arbeit entfernt sich von der Synthese und betrachtet daher nicht die Theorien, sondern die Theoretiker; Gebser betrachtet die Phänomenologie desjenigen, der die Landkarten erstellt, mit seiner eigenen Art, in der Welt zu sein, anstatt zu versuchen, irgendeine der Karten zu vereinheitlichen. Letztere werden nicht als gegeben vorausgesetzt, sondern sind in Wirklichkeit ein Produkt einer bestimmten Bewusstseinsstruktur. Schließlich bezeichnet schon das Wort Theorie eine Form des Sehens und beruft sich daher auf die mentale, perspektivische Welt.

segmentierten und linearen (oder sogar *multi*-linearen) Furchen. Gebsers Methodologie liegt irgendwo neben – oder zwischen – metatheoretischen Ansätzen wie der Integralen Theorie. Gebser führt uns von der Kritik und der Reaktion zur Andersheit und erforscht neue Ausdrücke, *neue Aussage* auf dem Gebiet der zeitgenössischen integralen Wissenschaft. Wie Octavia Butler sagte, „es gibt neue Sonnen".[14]

Es ist an der Zeit, Gebsers integrale Aperspektivität für die Herausforderungen des einundzwanzigsten Jahrhunderts nutzbar zu machen. Es muss hier wiederholt werden, dass Gebsers Zeit auch unsere Zeit ist. Er erkannte eine Krise der Zivilisation, und in den Jahrzehnten nach ihm hat sich diese Krise nur weiter verschärft. „Diese Reaktion, diese dem Fall zugeneigte Mentalität", schreibt Gebser am Ende von *Ursprung und Gegenwart*, „ist kennzeichnend genug für den Menschen des Übergangs".[15] Dies spiegelt unsere eigenen Ängste am Ende des Zeitalters der fossilen Brennstoffe und dem Beginn einer jahrhundertelangen Epoche wider, in der wir mit den planetaren Folgen des Klimawandels konfrontiert sind. Wir müssen die Möglichkeit *sowohl* unseres Untergangs *als auch* unseres Werdens bezeugen, wenn wir unsere Zeit wirklich begreifen wollen. Wenn das integrale Umfeld – das ein neues Morgen verspricht – Gewicht haben und dieses Zeitalter des Übergangs *ansprechen* soll, muss es dies *mit* uns tun.

Wie ich hoffe, deutlich zu machen, ist ein integraler, aperspektivischer Ansatz einer, in dem wir mehr Raum haben, um mit den Entwicklungen postmoderner Philosophen wie Gilles

14. Gerry Canavan, "There's Nothing New / Under The Sun, / But There Are New Suns": Recovering Octavia E. Butler's Lost Parables", Los Angeles Review of Books: https://lareviewofbooks.org/ article/theres-nothing-new-sun-new-suns-recovering-octavia- e-butlers-lost-parables/ [letzter Zugriff am 10. November 2018].

15. Gebser, UUG, 67.

Deleuze und Félix Guattari in Dialog zu treten; um den *Durationalismus* (die Philosophie der Zeit) von Henri Bergson zu konkretisieren; um die Machenschaften der späten mentalen Strukturen im ausufernden Spätkapitalismus zu *durchschauen*; die janusköpfigen, chaos-dynamischen Systeme von Teilhards Planetisierung wahrzunehmen; oder sogar die Transformationen in den Geisteswissenschaften durch die Transparenz der Objekte in objektorientierten Ontologien (OOO) oder dunklen Ökologien mit den zeitgenössischen Philosophen Graham Harman und Timothy Morton zu verstehen.

Ich glaube, Gebsers Zeit ist wieder einmal gekommen: um uns in diesem Zeitalter der existenziellen und ökologischen Krise zu helfen, in Richtung einer in die Zukunft führenden Welt zu denken.[16]

Oder sagen wir besser: uns zu helfen zu erkennen, wie die Zukunft *uns* bereits denkt.

Zeit-Freiheit oder auch das aperspektivische Werden

Ein *integraler* Ausdruck von Emergenz, Evolution und Transformation ohne eine lineare oder gar *multi*-lineare Landkarte fordert uns heraus, nach Öffnungen zu suchen, nach Lichtspuren, die in die Neuheit führen. Um einen Ausdruck von Deleuze zu verwenden: Wir müssen unsere Denk- und Ausdrucksformen *deterritorialisieren*, uns von einer verknöcherten mentalen Bewusstseinsstruktur befreien, die der Aufgabe, das Ganze zu *erkennen*, *nicht* gewachsen ist. Diese neuen Aussagen

16. Der integrale aperspektivische Ansatz konvergiert auch mit dem Integralen Yoga von Sri Aurobindo, insbesondere in der Vorstellung des Supramentalen. Siehe Debashish Banerjis *Seven Quartets of Becoming: A Transformative Yoga Psychology Based on the Diaries of Sri Aurobindo* (2012) für eine Erkundung von Deleuzes Ebene der Immanenz und des integralen Bewusstseins.

müssen auf einen *aperspektivischen* Ausdruck im Vielfachen hinarbeiten, losgelöst von den Sirenengesängen einer *einrahmenden*[17] Metaerzählung oder der cleveren „Gesamtschau" (in der Tat sind „generalistische" Formen des Denkens schwer zu erreichen, ohne dieser Tendenz zu erliegen, und wir Modernen sind stets anfällig dafür). Solche Ansätze können nur scheitern, die Welt zu meistern, weil sie selbst gescheitert sind. Die Welt lässt sich jedenfalls mit dem rationalen Verstand nicht beherrschen; es muss erlaubt sein, sie zu „wahren".

Als unmittelbarer Zeuge einiger der Grausamkeiten im Europa des zwanzigsten Jahrhunderts war Gebser verständlicherweise kritisch gegenüber großen Erzählungen, die sich um positivistische Rationalisierungen des Fortschritts drehen (ich vermute, dass er kein Fan von Steven Pinkers Buch *Gewalt* gewesen wäre).[18] Wie Deleuze schreibt, „ist es nicht der Schlummer der Vernunft, der Ungeheuer hervorbringt, sondern die wachsame und an Schlaflosigkeit leidende Rationalität".[19]

Doch Gebsers tiefe spirituelle Einsicht – dass die Zeit und die Geschichte des Bewusstseins selber und von sich aus etwas tut,

17. Siehe Martin Heideggers Aufsatz von 1954, *Die Frage nach der Technik*. Dieser Aufsatz geht davon aus, dass die Art und Weise, wie wir Modernen die Welt betrachten, eine gewaltsame „Entbergung" der Natur ist, die die Ressourcen, die wir von ihr fordern, in einem „Bestand" herausfordert. Doch diese Form des Denkens entzieht uns die Begegnung mit der Welt - wir sehen sie wie einen Supermarkt: mit gefüllten Regalen. Das Reale entzieht sich uns. Dem steht eine Poesie gegenüber, ein schöpferischer Akt mit der Welt, der es der Welt ermöglicht, uns einen Aspekt ihrer selbst zu offenbaren - obwohl sich uns kein Objekt jemals vollständig offenbaren kann. Okklusion findet immer statt.

18. John Gray, *Steven Pinker is wrong about violence and war*, The Guardian: https://www.theguardian.com/books/2015/mar/13/ john-gray-steven-pinker-wrong-violence-war-declining [letzter Zugriff am 15. November 2018].

19. Gilles Deleuze und Félix Guattari, *Anti-Ödipus: Kapitalismus und Schizophrenie* (Minneapolis: University of Minnesota Press, 1983), 70.

das wir wahrnehmen können – bewahrte ihn davor, dem dekonstruktiven Milieu des Nachkriegseuropas völlig zu erliegen. Gebser erahnte die Postmoderne mit ihrer Tendenz zur intellektuellen Fragmentierung, indem er erkannte, dass das geistige Bewusstsein nun an der spätdefizitären Form des geistig-rationalen (*ratio* bedeutet natürlich *teilen*) kränkelte. In der Tat hatte der Kalte Krieg das Atomzeitalter eingeläutet, und der Abwurf der ersten Atombomben auf Hiroshima und Nagasaki zeigte die verheerende Realität und die völlige Auflösung der räumlichen, atomisierten Geisteswelt selbst.

Es blieb Gebser also nichts anderes übrig, als sich in die Zukunft zu lehnen und zu versuchen, für sie zu sprechen.

Dies ist die Form der Integralität, die es zu betonen gilt: Wenn die mentale Welt von der Verwirklichung des Raums abhängt, strebt die integrale aperspektivische Welt danach, die *Zeit* in ihren vielfältigen Formen zu verwirklichen – als Aufbrechen der Zeit, als siderische Zeit, als Zeitlosigkeit, Dauer, Uhrzeit, rhythmische Zeit und so weiter, in der Annahme, dass die *Zeit gleichbedeutend mit dem Ursprung* ist. Zeit ist Zeit-Freiheit. Und wie kann das sein?

Der allgegenwärtige Ursprung ist nicht vom Werden, von den Zeitformen getrennt, sondern bringt sie hervor und begründet sie, ist ihnen in radikaler Weise immanent. „Denn auch das Zukünftige und nicht nur Gestriges und Heutiges bilden und bestimmen uns", schreibt Gebser.[20] Die Toten sprechen zu uns und die Kinder unserer Kinder auch – beides liegt latent in uns. Vergangenheit und Zukunft spielen in der Gegenwart eine große Rolle. „Der Ursprung ist immer gegenwärtig … [Die Gegenwart] ist nicht ein Zeitteil, sondern eine ganzheitliche Leistung, und damit auch immer ursprünglich".[21] Und was würde es

20. Gebser, UUG, 75.

21. Ebd., 63.

bedeuten, so zu leben? Es in irgendeiner Form in uns selbst zu verwirklichen? Diese Verwirklichung der Zeitfreiheit ist eine Parallele zum Streben des integralen Menschen: zur Ich-Freiheit. Diese Aussagen implizieren weder eine Ablehnung der Zeit noch des Ichs. Diese müssen bleiben. Durchdrungen von einer *Diaphanität* hören sie auf, zu Fixierungen zu werden und verwandeln sich in Öffnungen und Ausdehnungen. Nur ein *integraler* Mensch, der das Ganze „wahrt" hat, ist in der Lage, seine eigene Fragmentierung zu überwinden und von der planetaren Krise zum planetaren Bewusstsein zu springen. Dies ist unsere individuelle und kollektive Aufgabe.

Die integrale aperspektivische Herangehensweise – von der es keine *einzige*, totalisierende oder orientierende Herangehensweise gibt, weil sie *öffnet* – antwortet auf die Fixierung durch Unterbrechung, löst die Versteifung durch Befreiung (anstatt durch bloße Zersplitterung oder Ratio), entlässt den eingeengten Selbstsinn in den Abgrund. Doch der Schrecken des Abgrunds ist auch ein Himmel – die leuchtende Leere – für den integralen Menschen. Das Aperspektivische ist immanent und findet sich daher in der Philosophie der Zukunft wieder: in den Netzwerken der bevorstehenden verteilten Planetisierung. Das Integrale ist mit dem Konzept des Rhizoms in Deleuze und Guattaris *Tausend Plateaus* befreundet: an sich immanent ist das aperspektivische Rhizom unerschöpflich, und so sprudelt es hervor, hebt die Grenzen von nah und fern, von gestern und morgen, auf und erfüllt sie dennoch schöpferisch, aktualisiert damit die Bedürfnisse der Gegenwart, ohne in der Segmentierung der Zeit zu erstarren. Das ist es, was man einen integralen Futurismus nennen könnte (das ist nicht Gebsers Terminologie, sondern meine eigene). Ein integraler Futurismus befreit sich von einem defizitären mental-rationalen Futurismus, der nur zeitgebunden sein kann und der durch perspektivische Linearität gefangen ist, und muss eine größere Geschwindigkeit und Komplexität erreichen, um dem Zeitfaktor zu entkommen, um ihn zu *beherrschen.* Dies kommt in dem *dromologischen* Bild des sich beschleunigenden Vektors von Paul Virilio zum Ausdruck, einem Fahrzeug, das in den perspektivischen Horizont rast; man denke auch an die ikonische Motorradverfolgungsjagd in Katsuhiro Otomos Film *Akira* aus dem Jahr 1988. Ein integraler Futurismus ist das Sprechen *aus* der aperspektivischen Erkenntnis der Ganzheit der Zeit; er muss von einer Anerkennung des multidimensionalen Ansatzes durchdrungen sein, in dem das Morgen keine bloße Fantasie oder Projektion ist, sondern eine greifbare *Latenz.*

Für die Zukunft muss immer noch gesprochen werden, und so sind wir in unserer Zeit, die wir jetzt das Anthropozän nennen – in der der Mensch mit seinen fossilen Brennstoffen die geologische Aufzeichnung der Tiefenzeit beeinflusst – dabei, die Zivilisation rückgängig zu machen und im Zuge unserer Auflösung zu etwas anderem zu werden. Wir sind das, was der Ökophilosoph Tim Morton als „Hyperobjekt" beschreibt, verstrickt in ein Netz von Wechselbeziehungen zwischen der Summe menschlicher Aktivitäten und dem Klima des Planeten Erde.[22] Der Mensch wird nicht-menschlich; Städte werden eins mit den Stürmen, die auf sie niedergehen. In der Morgen-

22. Siehe Timothy Mortons Hyperobjects: Philosophy and Ecology after the End of the World (Minneapolis: University of Minnesota Press, 2013), 128. „Der historische Moment, in dem Hyperobjekte für den Menschen sichtbar werden, ist gekommen. Diese Sichtbarkeit verändert alles... Dies ist eine bedeutsame Ära, in der wir das erreichen, was manchmal als ökologisches Bewusstsein bezeichnet wird... ein detailliertes und zunehmendes Gefühl für die unzähligen Wechselbeziehungen zwischen den Lebensformen und zwischen Leben und Nicht-Leben, sowohl in der Wissenschaft als auch außerhalb der Wissenschaft... Das bedeutet, je mehr wir über die Wechselbeziehungen wissen, desto unmöglicher wird es, eine Entität zu postulieren, die jenseits oder hinter den miteinander verbundenen Wesen existiert." Wenn man Gebser liest, wird klar, dass Mortons Hyperobjekt ein aperspektivisches Konzept ist.

dämmerung von Teilhards Planetisierung schmelzen die Unterschiede.

Dies ist die aperspektivische Welt, auf die uns Gebser mit Nachdruck hingewiesen hat. Die neue Mutation – das Morgen – ist bereits da.

2. Eine katalytische Lektüre

Es ist keine leichte Aufgabe, *Ursprung und Gegenwart* in einem kurzen Band zusammenzufassen. Es kann nur eine Destillation – eine Tinktur – des viel umfangreicheren Textes sein. Dieses Buch kann auch dem Leser helfen, der unsicher ist, was er von dem dichten und akribischen Stil, der einen Großteil von Gebsers Werk ausmacht, halten soll. Um das Ganze zu analysieren, sozusagen. Obwohl das Buch zuweilen zu einem tiefgründigen poetischen und spirituellen Ausdruck fähig ist, ist es nicht leicht zu verdauen (und das soll es wohl auch nicht sein). Man könnte sogar behaupten, dass *Ursprung und Gegenwart* darauf abzielt, beim Leser eine direkte *Begegnung* hervorzurufen. Wie ich mit anderen Gebserianern diskutiert habe, ist es die Art von Buch, die eine Form von *katalytischer* Literatur oder *ein literarisches Psychoaktivum* par excellence darstellt: eine Lektüre, die beim Leser einen intensiveren Zustand der Bewusstheit hervorruft.[23]

Der Schlüssel liegt meiner Meinung nach in einer Lektüre, die *provoziert*; ein Wechsel vom Beobachter entfernter mentaler Kategorien zum *Teilnehmer* an gelebten Realitäten. Diese Verletzlichkeit gegenüber dem Text bietet eine Öffnung, einen Raum, um die Strukturen in uns zu *konkretisieren*. „Allerdings“, so schreibt Gebser, „erfordert dies Zusammenarbeit; deshalb ist das Buch selbst so geschrieben, dass es eine gewisse Beteili-

23. Eine Reihe von Büchern, die als textliche Singularitäten fungieren, tun dies in der Populärkultur, und sie tun es gut. In den letzten Jahren könnte man eine ähnliche Art der katalytischen Lektüre durch C. G. Jungs *Das Rote Buch* (2009) oder Philip K. Dicks *The Exegesis* (2011) beschreiben.

gung des Lesers voraussetzt".[24] Gebsers Strukturen, wie Jungs „Realität der Psyche", sollten etwas in Ihnen *auslösen.* Man findet dort etwas, das bereits vorhanden ist und endlich erkannt wird.

Wie immer weist Gebser in seinem Werk auf das *nicht*-begriffliche, oder sagen wir *a*-rationale *„wahren"* des Ursprungs hin: „Wir nehmen in jedem Augenblick unseres Lebens Anteil an den Ursprungskräften einer letztlich geistigen Natur", schreibt er.[25]

Ich hoffe, dass die folgenden Kapitel eine angemessene Zusammenfassung und Einführung in die wichtigsten Konzepte in Gebsers Werk – *die nichtperspektivische, die perspektivische und die aperspektivische Welt* – bieten und ein gutes Verständnis des Prozesses vermitteln, durch den die Strukturen des Bewusstseins in uns realisiert werden.

24. Gebser, *The Ever Present Origin*, 278, Ohio-Press
25. Gebser, *The Ever Present Origin*, 278, Ohio-Press

3. Ein paar Worte zur Vorgehensweise, oder wie man das Unsichtbare sichtbar macht

In der Generationenlücke zwischen der Mitte des 20sten Jahrhunderts, in der Gebser seine Schriften verfasste, und dem einundzwanzigsten Jahrhundert haben wir das Aufkommen von Marshall McLuhans elektronischer Kultur, den Aufstieg und Fall des Fernsehens, die Geburt des Internets – das sich vom utopischen *WELL* (Whole Earth ´Lectronic Link) zum Panoptikum-Kapitalismus von Mark Zuckerbergs Facebook entwickelt hat) – und die Welt nach dem 11. September erlebt. Der Neoliberalismus, der Spätkapitalismus und die Verwüstungen durch den Klimawandel markieren das Ende eines Bewusstseinszustandes und kollektiven Handelns, die sich schon lange überlebt haben.

Der gegenwärtige Moment oszilliert zwischen der Verlockung des Neuen (der integralen Welt), *hervorzubrechen*, und dem Alten (der mentalen Welt), *fortzubestehen.* An diesem janusköpfigen Ort wird daher eine Katastrophe – ein Wort, das wörtlich „Umwendung" bedeutet – des Bewusstseins erzeugt. In der Zwischenzeit scheitern wir *ebenso* wie es uns auch gelingt, uns zur Planetisierung zu erheben. Diese Einsicht ist frustrierend für all diejenigen, die sich an die Hoffnung auf die lang erwartete buchstäbliche Transformation (das immer näher rückende eschatologische Neue Zeitalter) klammern. Doch für denjenigen, der die Evolution des Bewusstseins grundlegend studiert hat, ist der Prozess niemals linear *noch* einzigartig. Es handelt sich also nicht um ein örtlich begrenztes „Ereignis".

Um die Figur des Dr. Ford in der HBO-Serie *Westworld* zu paraphrasieren: Die Evolution des Bewusstseins ist keine Leiter, sondern ein *Labyrinth*. Und die Prozesse, durch die sich die kulturelle Evolution vollzieht, sind oft unsichtbar und verteilen sich auf unterschiedliche Netzwerke von klimatischen Ereignissen, Generationenwechseln, neuen künstlerischen Sensibilitäten und Übergängen in der Lebenswelt. Wie McLuhan feststellt, müssen wir diese kulturellen Transformationen durch die Kunst sichtbar machen, um sie wirklich zu sehen.[26] William Irwin Thompson hilft uns ebenfalls, diese Tatsache zu verstehen, wenn er erklärt, dass der Sprung von einer Epoche zur anderen nie als buchstäbliches *Ereignis*, sondern als *Mythos* erlebt wird:

> *Ein Horizont bildet eine Grenze für unsere Erfahrung. Wenn wir uns ihm nähern, entfernt er sich, denn er ist nicht der Inhalt unserer Erfahrung, sondern die Struktur unseres Wissens. Und so verhält es sich auch mit Mythos und Geschichte. Der Mythos ist der Horizont der Geschichte, in seiner Modalität als Vergangenheit ist er die Welt der Legende; in seiner Modalität als Zukunft ist er die Welt der Prophezeiung und der Science-Fiction. Wenn wir versuchen, uns körperlich in diesen Horizont zu begeben, eine Wohnung in Atlantis zu mieten oder unsere Körper für eine spätere Regeneration in einer zukünftig perfekten Wissenschaft, in der der Tod besiegt sein wird, einzufrieren, versuchen wir, uns in den Horizont zu begeben und den Himmel zu eliminieren, um ihn so fantasielos, real und dreidimensional wie das Ego zu machen. Diese Form des psychischen Fundamentalismus flacht die Erfahrung ab, um die Multidimensionalität des Universums zu erdrücken... Gerade*

26. Marshall McLuhan, *Understanding Media: The Extensions of Man* (Cambridge, MA: MIT Press, 1994).

> *weil das Bewusstsein multidimensional ist, brauchen wir Horizonte, denn es ist immer mehr mit uns „los" als das, was sich in historischen Ereignissen oder persönlichen Gesprächen abspielt.*[27]

Gebser vermittelt uns eine ähnliche Einsicht. Er bezeichnete seinen eigenen Ansatz als *Kulturphilosophie*, als „Methode und Kunst", und daher eine Annäherung an die Evolution des Bewusstseins, die *mit* spezifischen Schöpfungsakten arbeitet – seien es Mythen, Steinmetzarbeiten, surrealistische Gemälde oder sogar wissenschaftliche Theorien. Ihr Ziel ist eine Einsicht in die Phänomenologie dieser Lebenswelten, eine Einsicht in die Strukturen, in die sie eingeschrieben wurden. Gebsers Bewusstseinsstrukturen helfen uns, wie McLuhans Medienökologien und Thompsons Mythos, *durch* die Kultur *zu schauen* und jene unsichtbaren Vorgänge sichtbar zu machen, die unter der Oberfläche ästhetischer und historischer Formen liegen. Wie Gebser schreibt, besteht die Absicht der *Kulturphilosophie* darin, „die Vielfalt kultureller Bestrebungen zu würdigen"[28].

Eine kulturelle Transformation *findet* statt, auch wenn wir nicht immer genau sagen können, wann und wo sie stattfindet (es wird natürlich einige bemerkenswerte Ausnahmen geben). Kulturelle Evolution ist in Wirklichkeit eher wie die von Tim Morton beschriebenen Hyper-Objekte: seltsam umfangreich und über Zeit und Raum ausgedehnt. Ereignisse wie der Klimawandel oder die industrielle Umweltverschmutzung oder sogar die dunkle Materie – „dunkle Ökologie"[29], was das

---

27. William Irwin Thompson, *Pacific Shift* (San Francisco: Sierra Club, 1985), 16.
28. Feuerstein, *Structures of consciousness*, 192.
29. Timothy Morton, Dark Ecology: *For a Logic of Future Coexistence*, (New York: Columbia UP, 2016).

angeht – sind nur allzu real. So real wie Du und ich. Wir begegnen dem Hyperobjekt namens Klimawandel, wenn wir uns einen Vorrat an Wasser für ungewöhnlich starke Wirbelstürme anlegen oder eine rote Flut an den Stränden vermeiden oder aus ganzen Städten fliehen, wenn Waldbrände über unsere zuvor sicheren Häuser und Vororte hinwegfegen. Es ist da und *gegenwärtig* (in diesen Fällen auf unangenehme und tragische Weise), wenn auch auf eine andere Art. Dies ist eine neue Art des Schauens. Und so existieren auch die Strukturen in einer Art subliminalem Raum, der die rein mentalen Kategorien „hier" oder „dort" überflüssig machen, sie aber auch nicht unbedingt ausschließen.

Bevor wir fortfahren, sollte noch ein weiterer entscheidender Punkt hervorgehoben werden: *Gebsers Kulturphänomenologie konzentriert sich in erster Linie auf die Bewusstseinsgeschichte der westlichen Zivilisation* (und in begrenztem Maße auf den Mittelmeerraum). Wir können diesen Eurozentrismus auf die begrenzte Verfügbarkeit von Wissen zu Gebsers Zeit (der Mitte des Jahrhunderts) zurückführen und darauf, dass er, wie Thompson anmerkt, zu Zeiten des vom Krieg zerrissenen Europas schrieb.[30] Gebsers *spätere* Schriften (nach *Ursprung und Gegenwart*) sollten in angemessenerer Weise asiatische Kulturen erforschen und in einen Dialog mit Gelehrten wie Govinda oder Suzuki treten.

Das vorliegende Buch folgt den Spuren Gebsers und konzentriert sich in erster Linie auf das, was er in seinem Hauptwerk dokumentiert; es versucht, die zentralen Aussagen des Textes zusammenzufassen und die stärksten Illustrationen der Strukturen hervorzuheben. Gelegentlich werde ich auch aktuelle Medienbeispiele anführen und aufzeigen, wie die Strukturen in

30. William Irwin Thompson, *Coming Into Being*, 12.

und für unsere heutige Welt weiterhin relevant sind (dies hätte eigentlich ein eigenes Buch verdient).

Ich hoffe, dass Leserinnen und Leser, insbesondere Bewusstseinsforscherinnen und Bewusstseinsforscher, meine Auseinandersetzung mit Gebsers Phänomenologie des Bewusstseins und seiner Kulturphilosophie als Möglichkeit begreifen, die Strukturen in einen Dialog mit eigenen Erkenntnissen und der eigenen Geschichte zu verknüpfen. Jegliche Arbeit, die getan wird, um eine integralere Zukunft zu fördern, geschieht sicherlich durch die Zusammenarbeit von Künstlern, Wissenschaftlern und Philosophen aus der ganzen Welt.

Um die Zukunft zu kennen, müssen wir jedoch die Vergangenheit studieren, und so wenden wir uns jetzt dem Studium der „drei Welten" zu: der unperspektivischen, der perspektivischen und der aperspektivischen Welt.

„Deutlich unterscheidbare Welten heben sich ab, deren Entfaltung sich in Bewußtseinsmutationen vollzogen hat."

– Gebser, UUG, 67.

„Diese aperspektivische Bewusstheit ist ein Ganzheitsbewusstsein, das die ganze Zeit und das die ganze Menschheit und ihre tiefe Vergangenheit und Zukunft als eine lebendige Gegenwart umfasst."

– Gebser, UUG, 74

4. Drei Welten

SICH-SEINERSELBST-BEWUSSTWERDEN

„DAS SICH-SEINERSELBST-BEWUẞTWERDEN DES MENSCHEN“, stellt Gebser gleich zu Beginn von *Ursprung und Gegenwart* fest, „hängt mit seinem Bewußtsein von Raum und Zeit aufs innigste zusammen“[31]. Daraus folgen die Strukturen des Bewusstseins. Aus diesem phänomenologischen Ansatz, bei dem wir das „Bewußtsein von Raum und Zeit“ in jeder Epoche durch „ihre eigentümlichen Ausdruckformen – im Bild wie in der Sprache“[32] betrachten, leiten wir die Bestimmungen *unperspektivisch, perspektivisch* und *aperspektivisch* ab. In diesem Kapitel werden wir uns in einer zugegebenermaßen chronologischen Weise durch diese breiten phänomenologischen Ansichten bewegen, bevor wir die eher qualitativ diskreten Strukturen erkunden: die archaischen, magischen, mythischen, mentalen und integralen Mutationen.

Zu Beginn sei darauf hingewiesen, dass die Herausforderung hier nicht darin besteht, eine intellektuelle Synthese anzustreben. Gebser verdeutlicht seine Terminologie, wenn er sagt, dass die aperspektivische Welt nicht die Antithese der perspektivischen Welt ist (das wäre die unperspektivische Welt). Wir wollen hier nur kurz anmerken, dass eine Synthese kaum mehr als eine perspektivisch-rationale, d.h. eine *geistige* Aktivität bedeutet und als solche nur eine vorläufige Lösung wäre. Vielmehr soll das *a* in aperspektivisch dessen *befreiende* Qualität bezeichnen,

31. Gebser, UUG, 68.
32. Ebd.

eine Überwindung der „bloßen Antithese von Affirmation und Negation".[33] Die Vorsilbe *a-* steht in Gebsers Werk durchgängig für Freiheit in all ihren Erscheinungsqualitäten (*a*rational, *a*perspektivisch, *a*mensional), eine Freiheit *von* und *für* die grenzenlose Welt.

Die Strukturen des Bewusstseins drücken die Entstehung und Bewusstwerdung der menschlichen Spezies aus (und wir wollen das vielleicht sogar noch weiter, *viel, viel* weiter in die Vergangenheit verschieben). Indem Gebser damit beschäftigt war, den zeitgenössischen Kampf um die Verwirklichung einer neuen, aperspektivischen Welt zu führen, zeigte sich, dass ein integraler Bestandteil des Verständnisses des Neuen ein intensiviertes Bewusstsein und eine Integration des latenten Alten ist.

Das Wichtigste von allem: Integralität, Aperspektivität, ist die Anerkennung der „Kräfte", die hinter der Verwirklichung dieser Bewusstseinsstrukturen stehen. Das heißt, unseres geistigen Ursprungs.

Wir beginnen also mit den drei Welten und gehen dann, um sie weiter zu konkretisieren, zu den Details der vier Mutationen über.

Die unperspektivische Welt oder das träumende Gewölbe der Sterne

Der Raum – im Sinne des messbaren, objektiven Raums, wie er in der Moderne gedacht wird – schlummert in der unperspektivischen Welt. Dies ist die Welt der archaischen, magischen bzw. mythischen Strukturen, auf die wir allerdings bald noch näher eingehen werden. Die Identität in dieser Welt ist immer noch *mit* dem Kosmos verbunden, in einem Zustand,

33. Gebser, UUG, 69.

den Owen Barfield, ein weiterer Wissenschaftler der Bewusstseinsentwicklung, als *ursprüngliche Teilhabe* beschrieben hat.[34] Hier muss sich das Selbst erst noch differenzieren, sich von der Welt *abgrenzen*. Daher herrscht ein kontinuierliches und gemeinsames Bewusstsein von Selbst-und-Welt, Selbst-und-Tier, Selbst-und-Stamm sowie Selbst-und-Geister vor. Raum existiert, aber nur als *Umhüllung* – gewölbt und höhlenartig – oder als relationaler Nexus (Raum ist nur unterschwellig vorhanden).

Eine erfahrungsbasierte Methode, um diesen Bewusstseinsmodus wieder zu erleben, besteht darin, sich den Dokumentarfilm *Cave of Forgotten Dreams* von Werner Herzog aus dem Jahr 2010 anzuschauen (am besten in einem kaum beleuchteten Raum und mit guter Akustik). Die etwa 30.000 Jahre alten Malereien in der Chauvet-Höhle in Südfrankreich gehören zu den ältesten bekannten menschlichen Kunstwerken. Die Chauvet-Höhle kann es mit den großen Werken der Moderne, wie Michelangelos Sixtinischer Kapelle oder der ebenso berühmten paläolithischen Stätte von Lascaux, aufnehmen. Herzogs orchestraler Soundtrack präsentiert die Höhle als eine Art urzeitliche Kathedrale. Löwen, Pferde, Höhlenbären, Wollmammuts und Nashörner – all diese Tiere tanzen vielgliedrig wie Shiva an der Höhlenwand. Sie implizieren Bewegung, wenn man sie wie beabsichtigt durch das Flackern des uralten Fackellichts betrachtet. „Das Fehlen eines Raumbewußtseins schließt das Fehlen eines Ichbewußtseins ein“, schreibt Gebser, „da zur Objektivierung des Raumes und zu seiner Qualifizierung ein sich-seiner-selbst-bewußtes Ich gehört, das sich diesem Raum gegenüberzustellen und ihn, aus der Seele entäußernd, auch darzustellen vermag.“[35] Gebser spricht auch vom unperspek-

34. Siehe Owen Barfield, *Saving the Appearances* (Hanover: University Press of New England, 1988).

35. Gebser, UUG, 78.

tivischen Raum als „Eingebettetsein in die Welt […], eine uns kaum mehr vorstellbar dichte Verbundenheit von außen und innen".[36] Diese Welt ist eine verzauberte Welt, die von einer diffusen Subjektivität und der Durchsichtigkeit des menschlichen Wesens gegenüber der Gegenwart des numinosen Anderen geprägt wird (dies ist unsere erste und am längsten währende Bewusstseinsstruktur, so ließe sich argumentieren, und eine, die wir seit über 100.000 Jahren beanspruchen: ein animistisches Bewusstsein).

Inneres und Äußeres, Subjekt und Objekt, sind durchlässige Membranen für das unperspektivische Selbst. Der Historiker Richard Tarnas beschreibt diese Welt als eine, in der „die menschliche Psyche in eine Weltpsyche eingebettet ist, an der sie vollständig teilhat und durch die sie kontinuierlich definiert wird".[37] Der Subjekt-Objekt-Bruch zwischen Selbst und Welt sollte erst später erfolgen und durch die evolutionäre Entwicklung der menschlichen Zivilisation die Kluft zwischen den Menschen und seiner Teilhabe an einem beseelten Kosmos immer weiter vertiefen. Die Tragweite dieses Bruchs kann nicht unterschätzt werden. Tarnas fährt fort:

> *Mit der Spätmoderne hat sich der Kosmos in ein geistloses, seelenloses Vakuum verwandelt, in dem sich der Mensch auf inkongruente Weise seiner selbst bewusst ist. Die Anima Mundi hat sich aufgelöst und ist verschwunden, und alle psychologischen und spirituellen Qualitäten befinden sich nun ausschließlich im Geist und in der Psyche des Menschen*
>
> *... Das Schmieden des Selbst und die Entzauberung der Welt, die Differenzierung des Menschen und die Aneignung von*

36. Ebd.
37. Richard Tarnas, *Kosmos und Psyche* (New York: Penguin, 2006), 17.

Bedeutung sind alles Aspekte derselben Entwicklung. Um einen sehr komplexen Prozess zusammenzufassen: Die Errungenschaft der menschlichen Autonomie wurde durch die Erfahrung menschlicher Entfremdung erkauft.[38]

Es kann jedoch sein, dass ein solcher Bruch – in Entfremdung und Autonomie hinein – selbst ein Teil des größeren integralen Prozesses der Entwicklung zur Ganzheit ist. Wie Gebser schreibt, „Nur die Distanzierung birgt die Bewusstwerdungsmöglichkeit".[39]

Die unperspektivische Welt, die *Welt-als-Höhle*, endet nicht im Paläolithikum.[40] Gebser verfolgt sie bis zu den gewölbten Kammern der altägyptischen Architektur, den euklidischen Zwischenräumen des hellenistischen Griechenlands im Parthenon und weiter bis ins europäische Mittelalter in seiner „Goldgrund-Malerei" und ihrer biblischen Ikonographie (ganz zu schweigen von der höhlenartigen Architektur der Kathedralen selbst). Den *zweidimensional-flächigen* Gemälden von Engeln und Heiligen fehlt es an perspektivischer Tiefe. Der Himmel, *wenn* er dargestellt wird, ist kein offener Himmel, sondern eine gewölbte Sternenhöhle.

Wenn wir uns für einen Moment vom mittelalterlichen Europa entfernen und einige der zeitgenössischen archäologischen Funde untersuchen, die seit Gebsers Schrift gemacht worden sind, stellen wir fest, dass die paläolithische Höhle in einigen der frühesten menschlichen Siedlungen immer wieder auftaucht. In der neolithischen Stadt Catal Huyuk in Südanatolien (der heutigen Türkei), die etwa 7500 v. Chr. bewohnt war,

38. Ebd., 25

39. Gebser, UUG, 718.

40. John David Ebert, *The New Media Invasion: Digital Technologies and the World They Unmake* (Jefferson: McFarrland, 2011), 23. Ebert bezeichnet die unperspektivische Welt als „Welt als Höhle".

waren die Häuser *nur* über das Dach zugänglich. Die Innenwände waren mit paläolithischen Motiven der Göttin, des Stiers und der Jagd verziert. Die Toten – die Ahnen – waren nie weit von den Lebenden entfernt, da sie oft unter den Schlafgemächern der Familie begraben wurden.[41] Auf diese Weise waren die Träume und die Toten, der Schoß der Erde und das Jenseits,[42] das Sichtbare und das Unsichtbare in einem einzigen Kontinuum verbunden.

All diese Beispiele sollen dem Leser die *traumartige* Qualität der unperspektivischen Welt vor Augen führen. Der Raum existiert, aber nicht auf eine Weise, die wir Modernen uns ohne weiteres vorstellen können: Es ist der Raum des Traums, ein symbolischer Raum, in dem sternklare Zeichen die primordiale Sprache des Kosmos tragen. Die ganze Welt *spricht*. Es handelt sich um ein himmlisches Bewusstsein, bei dem auch Gebsers magische Struktur ins Spiel kommt: Alle Dinge beziehen sich auf alle anderen Dinge. Alle Dinge korrespondieren miteinander. Und da für den magischen Menschen die ganze Welt spricht, muss er genau hinhören. Die Welt-als-Höhle ist, wie auch eine Reise in die Höhlen von Chauvet oder Lascaux, eine akustische Erfahrung. Stimmengewirr – der Lebenden, der Toten und all dessen, was nicht Mensch ist, ertönt in der Dunkelheit.

Es ist kein Wunder, dass das Gewölbe und die Säule so weit verbreitet sind. Wie eine neue Entdeckung nahelegt, bauten Neandertaler vor etwa 200.000 Jahren rituelle Räume in den tiefen Höhlen Südwestfrankreichs. Die Stalagmiten wurden mit einer Flamme erhitzt, dann aufgespalten – was von einer ausge-

---

41. Siehe Michael Balter, *The Goddess and the Bull: Catalhoyuk: An Archaeological Journey to the Dawn of Civilization* (New York: Free Press, 2006).
42. Siehe William Irwin Thompson, *Self and Society: Studies in the Evolution of Culture* (Exeter: Imprint Academic, 2009), 9.

feilten Technik zeugt – und mit Tierknochen zu ineinandergreifenden Kreisen arrangiert.[43] Die Gestalt dieses umschlossenen Raums – diese Welt-als-Höhle – ist sowohl mit dem Himmel als auch mit den höhlenartigen Tiefen verbunden: Die Umschließung der Welt ist für das unperspektivische Selbst in Wirklichkeit die Öffnung einer anderen, eine Welt der psychischen Teilhabe. Angesichts der Megalithbauten, die rund um den Planeten errichtet wurden und hochentwickelte astronomische Kenntnisse bezeugen sowie der Zivilisation vorausgingen (Gobekli Tepe ist dabei das verblüffendste Beispiel, das Gordon Whites *Star.Ships* eingehend untersucht), wissen wir, dass das unperspektivische Bewusstsein ebenso herausfordernd komplex war wie unser eigenes. Wir wissen auch, dass die Schließung dieses partizipatorischen Kosmos ein ebenso großer Gewinn wie ein schrecklicher Verlust war.

Das Gewölbe und die Säule, die vor allem in den Megalith-Strukturen vorkommen, die praktisch überall auf der Welt zu finden sind und ‚Dolmen' genannt werden, sind für Gebser wichtig, da sie eine Art zeugungsfähiger Spannung im unperspektivischen Bewusstsein erzeugten – die phallisch männliche Säule und die weibliche Höhle-als-Gebärmutter (die perspektivische Welt ist, mit anderen Worten, eine *latente* Welt in der unperspektivischen). Diese Spannung, so Gebser, findet sich in der Architektur des Christentums wieder, dessen Christusbild den künftigen Individuationsprozess vorwegnimmt. Christus ist die Figur, die „sich seinen Raum schaffen wird"[44] und das kommende Auftauchen des modernen Ichs ankündigt.[45] Gebser meint, dass es die europäische Renaissance war – die um

43. Ian Sample, *Neanderthals Built Mysterious Cave Structures 175,000 Years Ago*, The Guardian: https://www.theguardian.com/science/2016/may/25/neanderthals-built-mysterious-cave-structures-175000-years-ago [letzter Zugriff am 21. Dezember 2018]

44. Gebser, UUG, 79.

1250 n. Chr. begann –, die die beginnenden Formen der Perspektive aus der mittelalterlichen Kosmologie und der hellenistischen Welt aufgriff und vollständig verwirklichte. Doch wie bereits erwähnt, vollzieht sich die kulturelle Entwicklung nicht in einer sauberen und linearen Abfolge. Das Bewusstsein für die Perspektive hat seine frühen Vorboten in den Stillleben von Pompei, der frühen Porträtmalerei Roms, den pastoralen Szenen in den *Eklogen* des lateinischen Dichters Vergil und noch früher in Aristoteles' Ansatz, die natürliche Welt nicht anhand ihrer idealen, platonischen Form, sondern durch genaue Analyse (eine Art Proto-Empirismus) zu studieren.

Die perspektivische Welt: Alles, was für das Auge messbar ist

Es waren die Griechen, die eine frühe Form der Individuation hervorgebracht hatten, allerdings nur für die Berühmten und Mächtigen in den idealisierten Bildwerken und Statuen der Götter, Kaiser und Philosophen. In der Renaissance kam es jedoch zu einer radikaleren Entwicklung in der Darstellung nicht nur dieser überlebensgroßen Figuren, sondern auch in den Porträts von Alltagsmenschen. Die Individuation entwickelte sich in den Niederlanden durch die Porträts des perspektivischen Erneuerers Jan van Eyck oder in den Gemälden von Giotto di Bondone, wo nun ein „ganz neues seelisches Raumbewußtsein"[46] in den Vordergrund rückte.

45. Man könnte hier auch den ägyptischen Mythos von Isis und Osiris hinzufügen. Isis, die göttliche Mutter, und Osiris, der Vater und Herr der Unterwelt, bringen Horus hervor, der ein neues Zeitalter einläutet.

46. Gebser, UUG, 80.

Gebser erwähnt eine Reihe von Entwicklungen in dieser Periode, die dazu beitrugen, das neue räumliche Bewusstsein zu formen. Die Troubadoure begannen, in ihrer Lyrik das „Ich" zu verwenden (was auch Julian Jaynes in seiner eigenen Theorie der Entwicklung des Selbstbewusstseins in seiner Theorie der *bikameralen Psyche* feststellte),[47] und der katholische Theologe Thomas von Aquin stellte sich auf die Seite von Aristoteles statt auf die Seite von Platon und zog damit die räumliche Welt der „psychisch-gebundenen, platonischen Welt"[48] vor. Die Troubadoure entfremdeten, wie auch Vergils frühere Werke, unsere Identifikation mit der Welt, indem sie ein *Ich* definierten, das *auf* die Natur schaut, anstatt *an* ihr teilzunehmen. Von größerer Bedeutung für das Thema dieses Buches ist die Bewusstwerdung der verräumlichten Zeit. Der Übergang von der Rhythmik der unperspektivischen Zeit (himmlisch und qualitativ) zur mechanischen Zeit erfolgte mit dem Bau der ersten öffentlichen Uhr im Westminister Palace im Jahr 1283. Die Uhrzeit hatte ihren Ursprung in der asketischen Lebensweise der Benediktinermönche.

Einer der vielleicht eindringlichsten Momente der Reflexion in *Ursprung und Gegenwart* ist Gebsers Exegese von Petrarcas Besteigung des Mont Ventoux im Jahr 1336. Petrarca, oder Francesco Petrarca, gilt als einer der ersten Humanisten und wird weithin als Begründer der Renaissance angesehen. Im Stil der *Bekenntnisse* des heiligen Augustinus schreibt Petrarca an seinen Mentor Francisco Diorigi di Borgo san Sepolero und berichtet von der Besteigung des Mont Ventoux, die er gemeinsam mit seinem Bruder vorgenommen hatte. Die Umgebung des Ventoux war die Heimat der Troubadoure und der Katha-

47. Siehe Julian Jaynes, *The Origins of Consciousness in the Breakdown of the Bicameral Mind* (New York: Houghton Mifflin Harcourt, 1990).

48. Gebser, UUG, 80.

rer – ein „gnostisches Klima“, wie Gebser sagt. „Es ist nicht zufällig, dass Petrarca die Entdeckung der Landschaft gerade hier, in diesem Teile Frankreichs machte, in dem die gnostische Tradition, die den Akzent auf Welterkenntnis, also mehr auf das Wissen als auf den Glauben legte […] lebendig blieb.“[49] Petrarcas innerer Kampf – zwischen der Welt-als-Höhle und den überwältigenden Aussichten des perspektivischen Raums stehend – markiert die Entdeckung der Landschaft und den folgenschweren Sprung ins Raumbewusstsein:

> *Die allseitige Bindung mit Himmel und Erde, die noch eine fraglose, eine undistanzierte unperspektivische Bindung war, zerreißt in dem Augenblicke, da ein Teil der „Natur“, durch seinen persönlichen Blick räumlich aus dem Ganzen herausgelöst, zu einem Stück Land wird, das er schafft. Es ist möglich, dass damit ein Teil des formenden (geistigen) Prinzips von Erde und Himmel, also sowohl von der „Natur“ in ihrem umfassenden Sinne als auch vom „Göttlichen“, auf den Menschen überging; wenn dem so war, dann freilich wuchs – man ist versucht zu sagen, von jenem Tage Petrarcas an – die Verantwortung des Menschen in einer Weise, von der wir angesichts der Situation unserer Zeit bezweifeln müssen, ob er ihr gewachsen war.*[50]

Es lohnt sich, Petrarca mit Hilfe der Version von Gebser ausführlich zu zitieren:

> *„Erschüttert von dem ungewohnten Winde und von dem weiten und freien Schauspiel, war ich zuallererst wie vor Schreck erstarrt. Ich schaue: Die Wolken lagen unter meinen Füßen … Ich wende meinen Blick italienwärts, wohin sich noch mehr als*

49. Ebd., 82.
50. Ebd., 82

dieser meine Seele wandte … Ich gestehe, daß ich seufzte, da ich den Himmel Italiens sah, der mehr meinem Geist als meinem Auge erschien, und ein unsagbares Verlangen ergriff mich, meine Heimat wiederzusehen … Und dann ergriff mich ein neuer Gedanke, der mich aus dem Raum in die Zeit trug (a locis traduxit ad tempora). Ich sagte zu mir selber: Zehn Jahre sind es her, dass du Bologna verließest.‘[51]

Gebser interpretiert Petrarcas plötzliche Sehnsucht nach seiner italienischen Jugend als eine Art Reflex – ein *Fliehen* – vor der neuen Realität des Raumes zurück in den „Goldgrund der Sieneser Meister“.[52] Nach einem weiteren Blick auf die Pyrenäen, die Berge von Lyon und die Rhône, wendet er sich einem Exemplar der *Bekenntnisse* des Augustinus zu. Zu seiner völligen Verblüffung und in einem Moment tiefer Synchronizität schlägt Petrarca diese Passage auf:

Und die Menschen gingen hinaus, um die hohen Berge und die mächtige Brandung des Meeres, die Weite der Flüsse und den unerschöpflichen Ozean und die Bahnen der Sterne zu betrachten, und verloren sich dabei in Staunen.[53]

Richard Tarnas hilft, Gebsers Einsicht zu erweitern. „Petrarca war von der zufälligen Kraft der Worte des Augustinus so ergriffen“, schreibt Tarnas, „dass er während des gesamten Abstiegs vom Berg stumm blieb. Er erkannte den Zufall sofort als Teil eines größeren Musters solcher transformativen Momente, die anderen in der Geschichte der spirituellen Umformungen widerfahren waren.“[54] Wie Petrarca hatte auch

51. Ebd., 84.
52. Ebd., 84
53. Tarnas, *Cosmos and Psyche*, 52.

Augustinus im Jahr 386 n. Chr. im Garten von Mailand seine eigene synchronistische Erfahrung:

> *Im Wahn einer spirituellen Krise hörte er die Stimme eines Kindes aus einem nahe gelegenen Haus, das auf geheimnisvolle Weise die Worte „Tolle, lege" („Nimm und lies") wiederholte. Im Unklaren über die Bedeutung dieser Worte öffnete er schließlich wahllos ein Exemplar der Paulusbriefe und las darin Worte, die mit unheimlicher Präzision das Wesen seines lebenslangen Konflikts und dessen Lösung ansprachen.*[55]

Während diese Synchronizität für Augustinus die Ära des Christentums im mittelalterlichen Europa einläutete, läutete Petrarca mit seiner Offenbarung die neue perspektivische Welt der Renaissance ein.[56] „Jene alte Welt, in der nichts außerhalb der Seele Liegendes wunderbar und des Anschauens für wert befunden wurde, sie beginnt zu zerbrechen", schreibt Gebser, „Ganz allmählich verlagert sich der Akzent immer deutlicher von der Zeit in den Raum, bis im Materialismus des 19. Jahrhunderts der seelische Schwund ein heute den meisten offensichtlicher Verlust wird."[57] Von diesem Moment an ist der Mensch nicht mehr *in* der Welt, sondern beginnt, sie zu *besitzen.*

Eine Reihe wichtiger Künstler wird an diesem wichtigen Anfang erwähnt: Giottos Gemälde zeugen von einer „freieren Behandlung von Raum und Landschaft". Seine Schüler, wie Fra Angelico, entwickeln in ihrer Kunst ein Gefühl für Perspektive

---

54. Ebd., 53.
55. Ebd.
56. Ebd. „Diesmal entfaltete sich die synchrone Epiphanie in einer neuen Richtung mit unterschiedlichen Folgen - eine Offenbarung im Garten, die auf das Christentum und das Mittelalter hinweist, die andere auf dem Berg, die auf die Renaissance und die Moderne verweist."
57. Gebser, UUG, 85.

und Realismus (wenn man beispielsweise Fra Angelicos Darstellungen der Mariä Himmelfahrt betrachtet, ist eine bemerkenswerte Veränderung in der symbolischen Darstellung bemerkbar. Die Figuren werden realistischer proportioniert, der Raum gewinnt an *Tiefe*, die Natur wird zu einer angenehmen Landschaft und nicht mehr ikonographisch als Eden symbolisiert). Cennino Cennini verfasst die erste theoretische Abhandlung über Kunst, und Leon Battista Alberti schreibt 1436 *Della pittura*, in der er unter anderem eine Theorie der Perspektive in der Kunst mit der visuellen Pyramide vorstellt (dieses Werk sollte später Leonardo Da Vinci und sein postumes *Trattato Della Pittura* beeinflussen). Gebser erwähnt insbesondere die *Divina Proporzione* von Luca Pacioli, die die Perspektive als ‚achte Kunst' feiert (die anderen sieben sind Architektur, Bildhauerei, Malerei, Musik, Poesie, Tanz und Schauspiel). Und hier werden wir von Gebsers feiner Aufmerksamkeit für die Sprache verwöhnt. „Mit der achten ‚Kunst' ... bricht eine Welt zusammen, durch sie wird der alte siebenplanetarische Himmel zerissen." Mit anderen Worten: die Welt-als-Höhle. Die Verneinung des *N* in Nacht, Acht, ermuntert uns für die apollinische Welt, die wache Welt, die Welt des Tageslichts. „Jener heptagonische Kosmos der Antike und ihrer Mysterienreligionen ist überwunden", schreibt Gebser, und „der Mensch ist aus ihm hinausgetreten und hat damit diesen kosmischen Raum integriert und konkretisiert."[58]

Diese Integration kann jedoch nur partiell sein. Erinnern wir uns an Gebsers Bemerkungen zu Petrarca´s Vision: Das Auge gibt nur einen *Ausschnitt* der Landschaft wieder. In dem zunehmend verräumlichten Bewusstsein, das die Moderne kennzeichnen sollte, ist der Raum ein Gegenpol zur Teilhabe. Die Welt zieht ihre numinosen Qualitäten, ihre Verzauberung,

58. Ebd., 88.

zurück, während das Selbst diese Qualitäten allein in sich aufnimmt (die Bedeutung ist lediglich *in* uns und nicht da *draußen* in der Welt). Das Auge, das den Raum erfasst, wird starr und total. Aber das bedeutet auch, dass Albertis pyramidale Vision zu einem beengenden Gefängnis für das Reale wird; nicht-materielle Realitäten, mit denen die Alten weitaus vertrauter waren als wir Modernen, werden uns weiter entfremdet. Wenn wir den symbolischen Bereich eines partizipatorischen Kosmos ausklammern, dann spalten wir uns selbst.

Im perspektivischen Bewusstsein erweitert sich unser Sichtfeld auf den Kosmos in einem neuen, messbaren Licht, aber im Verhältnis zu dieser Öffnung des Raums steht eine Verengung der Welt auf das rein Messbare. Dies geschieht nicht unmittelbar – im vierzehnten und fünfzehnten Jahrhundert malen wir immer noch Fresken der Mariä Himmelfahrt, und die Bilderwelt des Christentums ist immer noch vorherrschend –, aber das perspektivische Bewusstsein durchdringt dennoch alles:

> *Denn perspektivisch sehen oder denken heißt: räumlich fixiert sehen und denken […] ihre positive Folge ist: sie konkretisiert sowohl den Menschen als den Raum; die negative Folge ist: sie stellt den Menschen in einen Teilsektor, so daß er nur dieses Teilsektors ansichtig wird: er löst aus dem Ganzen nur jenes Stück heraus (wie Petrarca aus dem bloßen Land die Landschaft), das sein Blick oder sein Denken umfassen kann, und vergißt der daneben, darüber oder der möglicherweise auch hinter ihm liegenden ‚Sektoren'; damit ist die Anthropozentrik gegeben, welche die einstige Theozentrik, wie man sie nennen könnte, ablöste. Der Mensch, er selbst nur ein Teil der Welt, räumt diesem Teil und damit der ihm selber nur möglichen Teilansicht die beherrschende Stellung ein: damit erhält der Sektor das Übergewicht über den ganzen einschließenden Kreis; es erhält der Teil das Übergewicht über das Ganze. Das Ganze*

ist aber aus der perspektivischen Einstellung zur Welt heraus nicht mehr anzunähern; statt dessen verleiht man dem bloßen Sektor ‚Ganzheits-Charakter', und die Folge davon ist die sattsam bekannte ‚Totalität'.[59]

Gebser liefert einen weiteren Grund, die Entwicklungen der Moderne mit großer Vorsicht zu betrachten. Das lateinische Wort *totus* hat mehrdeutige etymologische Wurzeln und bedeutet sowohl *alles* als auch *nichts.* Außerdem stellt er eine hörbare Ähnlichkeit zwischen *totus* und dem deutschen Wort *tot* fest.[60] Die Botschaft hier ist klar: Totalisierende Orientierungen blähen den Teil gegenüber dem Ganzen auf. Sie sind eine Art Ersatz-Ganzheit. Dem Ganzen kann man sich nur durch die sich abzeichnende aperspektivische Haltung nähern, die auch in unseren Tagen noch nicht in vollem Umfang verwirklicht ist.

Ungeachtet dieser Bedenken brach die räumliche Welt bereits mit Inbrunst durch. In den frühen Bemühungen einzelner Künstler, den Raum in sich selbst – sozusagen in ihrer Seele – zu *verwirklichen*, erkennen wir ein weiteres Beispiel für den McLuhan´schen Künstler, der eine Veränderung des Bewusstseinsklimas erkennt und sich durch diese neue Realität gedrängt, ja gezwungen fühlt, sie in seinen Werken zu aktualisieren und zu externalisieren. Doch als die wissenschaftliche Revolution näher rückt, erleben wir eine Art kreative, synchrone und weitreichende Explosion dieses neuen Bewusstseins in ganz Europa:

„Kopernikus sprengt den begrenzten geozentrischen Himmel und entdeckt den heliozentrischen Raum; Kolumbus sprengt den einschließenden Okeanos und entdeckt den Erdraum; Vés-

59. Ebd., 90.
60. Ebd.

ale, der erste große Anatom, sprengt die alten Körperlehren Galens und entdeckt den Körperraum; Harvey sprengt die gebundene Humoralmedizin eines Hippokrates und entdeckt den Blutkreislauf; Kepler sprengt das unperspektivistische, kreis- und flächenhafte Weltbild der Antike, indem er statt der Kreisbewegung der Planeten, wie sie nach Ptolomäus noch ein Kopernikus annahm, ihre Ellipsenbahn nachweist.'[61]

Zu dieser Zeit gelingt Galilei mit der Entdeckung der Jupitermonde (heute passenderweise Galileische Monde genannt) ein Durchbruch. Der Philosoph John David Ebert erinnert in seinem Buch *New Media Invasion* daran, dass Kopernikus selbst ein Linsenschleifer war und dass sich ein Großteil der Moderne auf das Sehorgan stützt. „Die Errungenschaften von Naturphilosophen wie Roger Bacon, Galilei und Descartes wurden zu einem großen Teil durch ihre Faszination für die Eigenschaften optischer Geräte ermöglicht"[62]. Diese neue Form des Sehens, nicht der imaginären, psychischen oder seelisch gebundenen Welträume, sondern der messbaren Räume des Tageslichts, findet ihre Entsprechung in der Entwicklung von Johannes Gutenbergs Druckerpresse, die die Literatur vom illuminierten Manuskript zum gedruckten Buch brachte. Dies ist für McLuhan der Übergang von der Schriftkultur zur Druckkultur. „Das Licht aus einer anderen Welt scheint *durch* alle kulturellen Phänomene des Mittelalters", schreibt Ebert in Bezug auf McLuhans Unterscheidung zwischen mittelalterlichen und modernen Technologien (diese illuminierten Manuskripte mussten sozusagen von *innen* beleuchtet werden, mit einer Kerze, die den Text von hinten beleuchtet). Aber seit Gutenberg ruft der Text nicht mehr Durchsichtigkeit hervor. Die

61. Ebd., 94.

62. Ebert, *The New Media Invasion*, 7.

Druckmedien verlangen, dass das Licht auf sie fällt und nicht *durch* sie hindurch.[63]

Die Höhlenwand ist gebrochen, und endlich ist das Licht eingedrungen (und die Menschheit ist damit *ausgebrochen*). Aber zu welchem Zweck?

Durch den Einbruch des Raums erreicht das Imperium eine neue und endgültige Ausdehnung im Kolonialismus der europäischen Mächte in der Neuen Welt, in der Zerstörung der mesoamerikanischen Zivilisationen und im Völkermord an zahllosen indigenen Völkern, nicht nur auf der Schildkröteninsel, sondern auf der ganzen Welt.

Das Licht der Vernunft mag Wunder bewirken, aber es gibt auch neue und größere Ungeheuer.

Der zerbrochene Spiegel und die Schuld der Zeit

Die perspektivische Welt ist die Heimat von Gebsers mentaler Bewusstseinsstruktur, in der das Auge dominiert – es öffnet *und* schließt gleichzeitig Welten durch den totalisierenden Anblick sektorierter Perspektiven, von denen jede ihren Standpunkt verallgemeinert. Und wir können sehen, wie sich dies bis in unsere heutige technologische Zeit hinein entwickelt. Der Podcaster, Künstler und Bewusstseinsforscher Michael Garfield hat die Moderne, die mit der wissenschaftlichen Revolution begann, treffend als „Glas-Zeitalter" bezeichnet.[64] Die Optik der frühen Modernisten hat sich in den Spiegel von Smartphones und Tablets verwandelt. Wir blicken aus unserem virtu-

63. Ebd, 20.
64. Siehe Phil Ford, J.F. Martel und Michael Garfield. *Living in a Glass Age, with Michael Garfield*, Weird Studies, https://www.weird-studies.com/26 [letzter Zugriff am 1. Dezember 2018].

ell vermittelten Selbst heraus, und unser Blick zersplittert wie tausend Glasscherben.

Wen können wir mit dieser Form des Schauens sehen? Können die anderen, das Andere, uns wirklich auf diese Weise sehen?

Auch wenn Gebser *Ursprung und Gegenwart* vor über einem halben Jahrhundert geschrieben hat, scheint er damit genau den Punkt getroffen zu haben, an dem wir als Kultur heute stehen. Da die räumliche Welt eine fragmentierte Welt ist, zeichnet Gebser das Aufkommen von Kolonialismus, politischer Revolution, Schismen und theologischer Zersplitterung als notwendige Folge des Zeitalters des sektorierenden Perspektivismus nach (eine weitere McLuhan-Notiz: Erinnern wir uns daran, dass der Buchdruck und die Gutenberg-Bibel eben Vorläufer der *95 Thesen* von Martin Luthers sowie dem darauf folgenden Aufkommen des Protestantismus in Europa waren). Diese Bruchstellen sind insofern befreiend, als sie die Gewinnung *neuer* Zentren der Selbstbestimmung betreffen. Perspektivische Gesichtspunkte (individuelle Rechte oder die Konstruktion eigenständiger nationaler Identitäten) brechen aus den geschlossenen Systemen der mittelalterlichen Realität mit ihren vorgegebenen sozialen Kasten hervor. Es gibt viel zu tun, um in eine neue Welt aufzubrechen. Mit der neuen Welt entsteht auch ein neues Selbst, das den Kampf um Selbstbestimmung, Autonomie und freie Meinungsäußerung aufnimmt (was für das perspektivische Selbst oft ein Kampf ist, der sich *gegen* das Objekt im perspektivischen Raum richtet oder *auf* dieses *abzielt*).

Die Probleme der Moderne sind in vielen zeitgenössischen Schriften gut beschrieben, aber hier hilft uns Gebser, einen Einblick in die bevorstehende aperspektivische Welt zu bekommen. Nachdem das menschliche Bewusstsein die Dimension des *Raumes* aus sich selbst heraus vollständig gemeistert hat, wurde die *Zeit* selbst zum nächsten Unterfangen. Die perspektivische Welt kann jedoch niemals die Zeit beherrschen; Zeit *ist* für Gebser in ihrer wahrsten Form das Ganze, *ist* Ursprung. Verräumlichte Zeit ist eine unzureichende Erkenntnis. Alles, was so partiell und segmentiert ist wie das hypertrophierte Ich, dessen begrenzter Blick zu einer Totalität – einer Ersatz-Ganzheit – geworden ist, kann die Zeit niemals bewältigen.

Im späten perspektivischen Zeitalter, dem Zeitalter der mental-rationalen Struktur des Bewusstseins, manifestiert sich die Zeit als *Schuld*. Wir sind stets „verspätet", und die Zeit selbst wird leer, ohne jede inhärente Qualität, und muss durch unsere Aktivitäten gefüllt werden. Der Moderne muss „Zeit totschlagen" und sich daran erinnern, dass „Zeit Geld ist". Die Aussage „Ich habe keine Zeit" ist unser Eingeständnis, dass wir zwar den Raum, nicht aber die Zeit besitzen.[65] Für Gebser ist diese rasende Reaktion auf die Zeit bezeichnend für unsere Hilflosigkeit gegenüber der aperspektivischen Welt. Die Zeit wird für das Ego zu einem Gradmesser der Angst, denn *Kronos verschlingt seine Kinder*, und die Zeit wird zu den gezählten Perlen im Stundenglas, die unweigerlich auf Null fallen: der Fluchtpunkt für die Auflösung des Ichs. Auf einer perspektivischen Ebene ist der Ereignishorizont der Endpunkt für das Auge, das ihn wahrnimmt. Wenn das räumliche Selbst – das wache Ich – in einer materiellen Welt alles ist, was wir sind, dann erschreckt uns natürlich der Gedanke, dass es zu Ende geht. „Je ‚tiefer' und ‚weiter' der Mensch in den Raum sieht, desto schmaler und enger wird die Sehpyramide, der Sehsektor", schreibt Gebser und spricht von einer „allgemein herrschenden Intoleranz", die sich im zwanzigsten Jahrhundert zu manifestieren beginnt.[66]

65. Gebser, UUG, 96.

66. Ebd., .96

„Er ‚sieht' nur einen sich in nebelhaften Weiten verlierenden Fluchtpunkt der linearen Perspektive … den er fanatisch glaubt verteidigen zu müssen."[67]

Gebsers Beschreibung Europas in der Mitte des zwanzigsten Jahrhunderts klingt wie eine direkte Ansprache an unsere Zeit, in der unsere komplexe heterogene Gesellschaft erneut in Frage gestellt wird – vom Brexit in Großbritannien bis hin zu ‚build a wall'-Gesinnungen in den Vereinigten Staaten – und der Leichnam des Ethno-Nationalismus aus seinem historischen Grab ausgegraben wird. Totalisierende Weltanschauungen, die von dem umrahmt werden, was wir als „digitalen Perspektivismus" bezeichnen könnten (unterstützt durch Social-Media-Algorithmen auf Facebook und anderen Websites), haben es jedem Einzelnen ermöglicht, sich in seine eigene Realität abzuspalten und die Solidität der perspektivischen Fakten in eine ‚Post-Wahrheit'-Welt zu verwandeln.[68] Dies ist die gleiche Neigung der perspektivischen Welt zur Ratio, die falsche Totalitäten durch eine immer stärkere Absplitterung und Verengung der Sichtweisen erzeugt. Das Ziel des perspektivischen Bewusstseins in seiner defizitären Phase ist die unendliche Fragmentierung und damit die Zertrümmerung des Raums selbst (man denke an moderne Medienbeispiele, die diese Zertrümmerung des perspektivischen Raums zum Ausdruck bringen, wie etwa *Rick and Morty*'s Verwendung einer schwindelerregenden

67. Ebd.

68. Ken Wilber adaptiert Jean Gebsers Terminologie der „Aperspektivität", um den postmodernen Zustand zu beschreiben, in dem alle Ansichten richtig sind und niemand falsch liegt, und nennt es „aperspektivischer Wahnsinn" (siehe Ken Wilber, *Eros, Kosmos, Logos*). Das ist ironisch, denn das so genannte postmoderne Zeitalter ist in vielerlei Hinsicht lediglich das perspektivische Zeitalter, das bis an seine äußerste Grenze getrieben wurde: die Atomisierung aller Perspektiven in ihre eigenen Welträume und der völlige Erfolg der Ratio, die Welt aufzuteilen, nicht in eine organische Differenz, sondern in ein zertrümmertes Aggregat von Standpunkten

Multiversumstheorie). Gebser schreibt von einer „universellen Intoleranz“, die in seiner Zeit aufkommt:

> *Der europäische Mensch, als Einzelner wie als ‚Vermasster', sieht heute nur noch seinen Sektor. Auf allen Gebieten hat heute dieser Satz Gültigkeit; auf dem religiösen genauso wie auf dem politischen, auf dem sozialen genauso wie auf dem wissenschaftlichen. Das Aufkommen des Protestantismus leitete die Sektorierung des Religiösen ein; das Aufkommen des Nationalstaates brachte die Sektorierung des christlichen Abendlandes in sektorhafte Einzelstaaten; das Aufkommen der politischen Parteien sektorierte das Volk (oder die ehemalige christliche Gemeinschaft) in parteiprogrammgebundene sektorhafte ‚Interessensgemeinschaften'; und in der Wissenschaft führte dieser Prozess der Sektorierung zu dem heutigen Zustand: führte zu den Fachwissenschaften und allgemein zum Spezialistentum und den ‚Spitzen-Leistungen' des Scheuklappenmenschen. Aber ein Zurück gibt es nicht mehr: die religio, die Rückbindung, ist fast zerrissen, der ‚Schnitt der Sehpyramide' hat sie gewissermaßen zerschnitten. Und ein bloßes Vorwärts und Weiter (das schon Fluchtcharakter angenommen hat) führt nur in weitere sektorhafte Detaillierungen, letztlich zu Atomisierungen. Was dann übrigbleibt, ist (wie im Trichter Hiroshimas) – amorpher Staub. Wahrscheinlich wird ein Teil der Menschheit – zumindest ‚geistig', sprich: ‚seelisch' – diesen Weg gehen.'*[69]

Wenn wir die Zeit nicht haben, so hat die Zeit sicherlich *uns.* Die stürmischen Winde der Modernisierung, das Voranschreiten technologischer und politischer Revolutionen haben unser Zeitalter zu dem gemacht, was James Joyce in seinem *Ulysses*

69. Gebser, UUG; 97

den „Albtraum der Geschichte" nannte. Die rasante Flut von Innovationen und sozialer Komplexität findet ihren positiven Ausdruck in den Schriften von Pierre Teilhard de Chardin, der diese Bewegung letztlich als eine Art Höhepunkt der Evolution der Biosphäre sieht: die Geburt der Noosphäre (der geistigen Schicht der Erde) in der Menschheit und der Planetisierung des Bewusstseins. Obwohl Gebser diesem Konzept der Planetisierung tendenziell zustimmen würde, muss die Beschleunigung des Wandels und die rasante Industrialisierung der Zivilisation auch als die Krise des Bewusstseins anerkannt werden, die sie ist. Gebser beschreibt dies als das *Hereinbrechen der Zeit*. Die Zeit manifestiert sich als eine *Naturgewalt*. Unkontrollierbar manifestiert sich die Zeit nicht als positiver oder befreiender Ausdruck für die perspektivische Welt, sondern als Negativum, als eine unkontrollierbare technologische Entwicklung, die Kevin Kelly, der Technophilosoph, zu Recht als „außer Kontrolle" bezeichnet hat.[70]

Das Oszillieren zwischen der Ohnmacht, die von der perspektivischen Welt entfesselten Kräfte zu kontrollieren einerseits, und einer totalen selbstvergiftenden Macht andererseits – zwischen „Angst" und „Freude" – ist unser moderner Zustand. Diese Krise hat sich seit Generationen, seit Gebser sie beschrieben hat, nur *noch* verschärft. Die Evolution des Bewusstseins ist hier jedoch nicht *zu Ende*. Um der Welt willen muss endlich die Auflösung des perspektivischen Bewusstseins aus seiner Fixierung erfolgen. Lösungen für unsere Krise können nicht von demselben perspektivischen Denken ausgehen, das nur weiter sektorieren und spalten kann. Wir sind gezwungen, eine ganzheitliche Antwort zu geben; nur ein ganzheitlich orientiertes Bewusstsein kann jetzt handeln und wird

70. Siehe Kevin Kelly, *Out of Control: The New Biology of Machines, Social Systems and the Economic World* (New York: Basic Books, 1994).

selbst zu einer dringenden Notwendigkeit – einer Krise und Mutation.

Wie die Künstler und Wissenschaftler des perspektivischen Zeitalters sind wir aufgefordert, in unserer Zeit das Entstehen einer aperspektivischen Welt zu erkennen. Dies ist die integrale Mutation. „Diese Epoche", schreibt Gebser, muss „den Punkt finden, der hier bereits das dortige ‚Ziel' in sich trägt".[71]

Wenn es *tatsächlich* in uns liegt, dann sind wir verpflichtet, zu versuchen, uns damit in Verbindung zu bringen.

Die a-perspektivische Welt oder die Zeit-als-Ganzheit

Wenn die unperspektivische Welt die *Welt-als-Höhle* impliziert, die perspektivische Welt als *Welt-als-Raum*, dann befreit uns die aperspektivische Welt von der Entfremdung des Raumes und führt uns zu einer Teilhabe *an* der Welt vermittels der *Zeit*.

Gebser erkennt in Pablo Picassos Kunst eine bemerkenswerte Konkretisierung der aperspektivischen Zeit. „Sie kommt deshalb zum Ausdruck", so Gebser, „weil in ihr erstmals die Zeit in die Darstellung einbezogen ist.[72] Picassos Kunstwerk ist vielen von uns mit seinen etwas verwirrenden Implikationen der Multidimensionalität vertraut, aber Gebser empfiehlt, dass wir es genauer betrachten sollten. Picassos Kunst ermöglicht es uns, „nicht nur einen seiner Aspekte oder seiner möglichen Ansichten zu sehen, sondern wir sehen gleichzeitig seine Frontal-, Seiten-, und Rückenansicht, sehen also alle diese verschiedenen Aspekte auf einmal"[73]. Diese *Gleichzeitigkeit* wird wichtig, denn wenn wir die Zeit *nur* in einer Abfolge nach der anderen

71. Gebser, UUG, 97
72. Ebd., 98
73. Gebser, UUG, 98

ausdrücken, befinden wir uns immer noch in der perspektivischen Zeit. Gebser weist zu Recht darauf hin, dass Zeit-als-Sequenz immer nur eine *abstrahierte* Ganzheit (und damit immer noch perspektivisch) sein kann. Dennoch geht von vielen reifen Werken Picassos – insbesondere von seinen Porträts – ein Gefühl der Ganzheitlichkeit und Ganzheit aus. Es handelt sich nicht um eine räumliche Zeit, sondern um *Zeit-als-Gegenwart*, die für Gebser die strahlende „Quintessenz der Zeit" *ist.*[74]

Bevor wir uns in die aperspektivische Welt begeben, können wir, wie Gebser es in *Ursprung und Gegenwart* tut, kurz innehalten, bevor wir den Sprung nach vorn wagen. Eine der ersten Schwierigkeiten für die aperspektivische Welt ist das, was wir als *Zeit-als-Flut* bezeichnen könnten (Zeit ist mit der Psyche, der Vergangenheit, verbunden, und das Bild des Wassers wird oft mit der Psyche assoziiert).

Gebser beschreibt es als „angedeutete Verquickung von Zeit und Psyche" ... als „bruchstückweise Vergangenheitsfetzen aus dem Unbewusstgewordenen in Tageslicht heraufgeschleudert" (im Internetzeitalter beginnt dies wiederum vertraut zu klingen, von ästhetischem Pastiche bis hin zur unheimlichen Präsenz der Vergangenheit durch digitalen Remixe von Musik und Fotografie).[75] Mit der tiefgreifenden Neuausrichtung des 20. Jahrhunderts auf das von Sigmund Freud beschriebene Unbewusste öffneten sich die Schleusen der Psyche und dekonstruierten das viktorianische Selbst, um alle Arten von erotischen und fleischlichen Begierden zu enthüllen, die im Spiel sind. Der Surrealismus, der Dadaismus und viele andere Bewegungen, so Gebser, haben ihren Bezug zur Durchbrechung der Zeit durch die *Psyche.* Diese Bewegungen können als Gegenbewegung zu einem erstickenden Rationalismus oder Materialismus gesehen

74. Ebd., 100.
75. Ebd., 104.

werden, der in der Moderne seinen Lauf genommen hatte, aber sie weisen auch auf die Möglichkeit einer aperspektivischen Integration der perspektivischen und nichtperspektivischen Welt hin.

Für Gebser waren die drei Welten des Unperspektivischen, Perspektivischen und Aperspektivischen keine ausreichende Klärung. Er erkannte, dass eine differenziertere und gründlichere phänomenologische Beschreibung der Bewusstwerdung des Menschen notwendig und evident war. Hier bekommen die Strukturen des Bewusstseins ihre Bedeutung, die uns die archaischen, magischen, mythischen, mentalen und integralen Formen des Zeit-Raum-Ausdrucks vorstellen. Diese Strukturen erlauben es der Vergangenheit, der Gegenwart und der Zukunft, sich auf eine Weise zu *konkretisieren*, die uns nicht zu überwältigen droht, sondern sich in Klarheit offenbart.

5. Mutationen, Strukturen, Werdendes

Prolog: Lebendige Geschichten

BEVOR WIR DAS NEUE ERKENNEN KÖNNEN, müssen wir das Alte *kennen* lernen. Damit meine ich eigentlich so etwas wie das Alte zu *re-konstituieren.* Wie Deleuze sagt, reicht es nicht aus, das Unbewusste zu haben, man muss *es selbst in der Gegenwart hervorbringen.*[76] Strukturen aus den Tiefen der Zeit, aus der Latenz, hervorzuholen, bedeutet, sie in der *Gegenwart* zu beleben, und muss daher ein partizipatorischer Prozess sein.

Die Wiederbelebung des sogenannten *Alten* kann überwältigend sein, so wie für Petrarca die neue Realität auf dem Mont Ventoux so beunruhigend war. Es fällt uns Modernen leicht, die Welt-als-Höhle abzutun und die Unperspektivität als bloßen Aberglauben abzuschreiben. Gebser bemerkt zum Beispiel, dass die Künstler der Renaissance von ihren mittelalterlichen Vorgänger – auf bezeichnend perspektivische Weise – meinten, sie hätten „falsch gesehen".[77] Wir brauchen kaum über den unverhohlenen Szientismus unserer Tage zu diskutieren, der versucht, die Subjektivität selbst weg zu erklären (eine Form der endgültigen Selbstvernichtung in der späten mentalen Struktur).[78] Um die Strukturen wirklich zu *integrieren,*

76. Gilles Deleuze und Claire Parnet, *Dialoge* (New York: Columbia uP, 2002), 78
77. Gebser, UUG, 94.
78. Siehe Charles Tart, *The End of Materialism: How Evidence of the Paranormal is Bringing Science and Spirit Together* (Oakland: New Harbinger, 2009).

bedarf es mehr als nur einer distanzierten Würdigung ihrer fernen Errungenschaften. Wir müssen in ahnenden Kontakt mit der sogenannten Vergangenheit kommen und gleichsam eine Begegnung mit den Toten wagen. Um die Nacht kennenzulernen, muss man riskieren, im Dunkeln zu stolpern.

Die archaischen, magischen und mythischen Strukturen behalten in uns immer ihre jeweilige Kraft; sie sind spirituell und ontologisch gegenwärtig und fordern das zeitgenössische geistige Bewusstsein mit der Anziehungskraft ihrer Andersartigkeit heraus (und übernehmen es manchmal). Der Tagesverstand blickt mit Aberglauben *und* Verlockung auf die Sirenengesänge der träumenden Phantasmagorie.[79]

Es wird daher als Übung empfohlen, dass der Leser sein eigenes Bewusstsein in diesem Prozess weiter beobachtet: als ob er die kulturellen ‚Artefakte', die beschrieben werden sollen, in seinen eigenen Händen (oder zumindest vor seinem geistigen Auge) halten würde. Der Leser sollte jede plötzliche Empfänglichkeit, jede innere Regung und jeden Moment des *gefühlten Sinns* begrüßen, egal wie klein oder flüchtig er ist und egal, wie oft er zurück in die perspektivische Welt als die „richtige" Welt flüchten möchte.

So wie wir ein Buch von *links* nach *rechts* lesen, so haben wir die Tendenz, aus dem siderischen und nächtlichen Bereich der Psyche – und damit den archaischen, magischen und mythischen Strukturen – zurück in die wache Sensibilität der säkularen Welt zu fliehen. Dies ist eine nur allzu typische Reaktion des mentalen, perspektivischen Geistes. Wesentlich für die inte-

79. Man denke an den griechischen Mythos von den ozeanischen Sirenen, die mit ihrer bezaubernden Musik Seeleute in den Schiffbruch lockten; dieser Mythos könnte so interpretiert werden, dass er die Macht des siderischen und mythischen Bewusstseins beschreibt, das ozeanische Reich der Seele und seine Fähigkeit, das Ego in einen Zustand der Trance zu locken.

grale Mutation ist jedoch die *Absetzung* des mentalen Bewusstseins von seinem perspektivischen Thron. Die räumliche Realität kann sich nicht länger als Ort – und oberster Schiedsrichter – des Realen behaupten.

Diese Arbeit, denn sie *ist* für viele von uns Arbeit, lädt zu einer inneren Umstrukturierung ein.

Wir müssen den latenten Welten in unseren Seelen (ja, unseren Seelen selbst) wieder Raum geben, damit sie nicht zu Geistern in einer heimgesuchten perspektivischen Landschaft werden. Eine Art innerer Arbeit ist notwendig, um uns für diese Realitäten angemessen zu öffnen, aber auch, und das ist entscheidend, um zu verhindern, dass wir von ihnen völlig überrollt werden. Gebser empfiehlt wiederholt eine „überwache" Klarheit bei der Untersuchung dieser Strukturen in uns selbst; sie wirklich so gründlich zu konkretisieren, dass sie einen gewissen Grad an Festigkeit verlieren (diese Qualität der Klarheit wird durch die integrale Mutation unterstützt). Diese innere Arbeit ist den Anstrengungen vieler Künstler und Individuen nicht unähnlich, die Gebser in der vorangegangenen Diskussion über die Verwirklichung des perspektivischen Raums so genau dokumentiert hat.

Was Gebser bei Petrarca angedeutet hat, gilt auch für uns. Diese Klarheit und Intensität der Gegenwart muss aus uns hervorgebracht werden, oder besser andersherum, wir müssen diese luzide Gegenwart in unser Bewusstsein bringen.

Die doppelte Aufgabe des integralen Zeitalters ist sowohl die *Re*-Integration der Dämmerwelten als auch die Konkretisierung der *Zeit*, nicht des Raumes. Das Ganze zu ‚*wahren*' und dieses ‚wahren' *durch* die archaischen, magischen, mythischen und mentalen Realitäten hindurch scheinen zu lassen. *Transparenz* ist jene Qualität der integralen Struktur, die eine solche Integration erlaubt. Wie Rilke in seinem berühmten Gedicht *Archai-*

scher Torso des Apollo schreibt: „Da ist keine Stelle, die dich nicht sieht. Du mußt dein Leben ändern".[80] Alles andere hieße in dieser Phase der Menschheitsgeschichte, dem Morgen sein Recht auf Sein abzusprechen; eine planetare Kultur ist keine Kultur des Modernen, sondern eine Kultur des Gestern, des Heute wie auch des Morgen.

Eine sorgfältige Betrachtung der Bewusstseinsstrukturen ist eine Methode, die uns dabei helfen kann, die Vergangenheit zu konkretisieren und der Zukunft zuzuhören. Daher werden wir in diesem Kapitel Gebsers Bewusstseinsstrukturen betrachten und einen Mutationsprozess vorstellen, so wie wir es mit den drei Welten des Un-Perspektivischen, des Perspektivischen und des A-Perspektivischen getan haben.

Achten Sie dabei auf jene ‚inneren Bewegungen'.

Mutationen, oder diskontinuierliche Transformationen

Die Strukturen lassen sich nicht an historischen *Ereignissen* festmachen, auch wenn sie sich in bestimmten Kunstwerken oder durch bestimmte Personen manifestieren. Gebser versteht diese Strukturen in erster Linie, und vor allem anderen, als *geistige* Prozesse.[81] Sie lediglich zu historisieren, wäre dann eine bloß perspektivische Betrachtungsweise, symptomatisch für unsere modernistischen Vorurteile und sicherlich unzureichend für die integrale Aufgabe.

Viele, die auf Gebsers Schriften stoßen, nachdem sie mit anderen stufenbasierten Modellen der Bewusstseinsentwicklung gearbeitet haben, sind überrascht zu entdecken, dass diese Strukturen des Bewusstseins *nicht entwicklungsorientiert* sind. Dies

---

80. Peter Sloterdijk, *Du musst dein Leben ändern* (2009)

81. Gebser, UUG, 109

wird mehr Sinn ergeben, wenn wir uns tatsächlich durch den Mutationsprozess hindurch bewegen und zum Mentalen gelangen – unserem eigenen vorherrschenden Zeitalter, aus dem heraus die integrale Mutation noch im Entstehen begriffen ist – und uns von einigen unserer perspektivischen Voreingenommenheiten befreien.

Eine Mutation bezeichnet einen diskontinuierlichen *Sprung* des Bewusstseins, der uns hilft, jegliche entwicklungsorientierte, progressive oder evolutionäre Konnotation zu vermeiden.[82] Natürlich *ist* dies nicht ganz richtig, da das Wort ‚Mutation' sehr wohl eine biologische Konnotation hat (ganz zu schweigen von Science-Fiction, was faszinierend ist und worauf wir im Kapitel über das Integrale in einem positiven Licht zurückkommen werden). Gebser wird in seinen späteren Schriften auch das Wort *Entwicklung* verwenden, vielleicht weil der Begriff seine positivistische Aura aus der Mitte des Jahrhunderts verloren hatte.[83] Wenn der gesamte Mutationsprozess – das Sich-seiner-selbst-Bewusstwerden – irgendeinen progressiven Anspruch hat, dann ist es die Bewusstwerdung des geistigen Ursprungs *im* Menschen (die Erkenntnis einer gegenwärtigen Latenz, oder um mit Sri Aurobindo zu sprechen, ein *involutionäres* Ereignis). Doch auch dieser Prozess ist für Gebser nicht linear: „Der Ur-Sprung selbst kommt mutierend, also sprunghaft, zum Bewußtsein: Bewußtseins-Mutationen sind Integrations-Vollzüge".[84] Was die Verwendung von Entwicklungsschemata betrifft, so geht Gebser ziemlich hart mit den Gesellschaftstheorien seiner Zeit ins Gericht, etwa mit August Comtes ‚Dreistufengesetz' (vom theologischen über das meta-

82. Ebd., 110.

83. Jean Gebser und Scott Preston, *‚Jean Gebser und das Integrale Bewusstsein: The Inaugural Post'*, http://blog.gebser.net/2012/01/ jean-gebser-integral-consciousness.html [letzter Zugriff am 27.12.2018].

84. Gebser, UUG, 111.

physische zum positivistischen Zeitalter), das er vor allem als „perspektivische Fixiertheit“ bezeichnet. Gebser fährt fort:

> *„Ihre scheinbare Aufeinanderfolge ist weniger eine biologische ‚Entwicklung‘ als eine ‚Entfaltung‘, ein Begriff, der die Teilhabe einer geistigen Realität an der Mutation zuläßt. In keinem Falle ist aber diese Entfaltung als Fortschritt aufzufassen. Wir müssen diesen Begriff ‚Fortschritt‘ für das nehmen, was er ist, und nicht für das, wozu er, seinem ursprünglichen Wortlaut zuwider, gemacht wurde: ‚Fortschritt‘ ist kein Positivum, auch dann nicht, wenn Gedankenlosigkeit ihn als solches wertet; Fortschritt ist auch ein Fortschreiten, weg von etwas, also ein Weggehen und Sichentfernen von etwas: vom Ursprung.“*[85]

Die Strukturen entfalten sich in Dimensionalität: von Null (archaisch), zu Eins (magisch), zu Zwei (mythisch), Drei (mental) und schließlich zur vierten Dimension (integral). Es gibt zwei Aspekte bei dieser strukturellen Entfaltung. Der erste ist ein Gewinn an Dimensionalität. Man denke an den Zugewinn an Perspektive. Zum anderen führt dieser Gewinn auch zu einer „*Verarmung*, da sich die Distanz zum Ursprung vergrößert“.[86] Die späteren Strukturen verlieren also etwas: die geistige Gegenwart des Ursprungs.

Wenn dies alles wäre, was wir über die Mutationen sagen könnten, dann wäre Gebsers Denken nicht weit entfernt von der traditionalistischen Sichtweise, die das perspektivische Zeitalter (und damit die Moderne) auf einen bloßen Niedergang im Zeitalter des Kali Yuga reduziert (eine *Devolution* von einem früheren spirituellen goldenen Zeitalter). Gebser spricht jedoch vom Mutationsprozess als einer „sich vervollkommnenden

85. Gebser, UUG, 114.
86. Ebd.

Ursprungsentfaltung im Menschen".[87] Dies erlaubt es uns, die Entfernung vom Ursprung als einen notwendigen Raum der Verminderung zu verstehen und den Mutationsprozess als ein punktuelles Aufbrechen kreativer, diskontinuierlicher Raum- und Zeitverwirklichungen. Die Linearität wird in Gebsers Ansatz verworfen, ohne dass die Emergenz verloren geht. Das Werden wird beibehalten, aber es wird von der dialektischen Konzeption des Mentalen befreit. Dialektisches Denken – ein dreigliedriger Prozess von These, Antithese und Synthese – wird erst später in der mentalen Struktur auftauchen und die ewige Wiederkehr des ozeanischen Denkens in der Membran des Mythischen mit dem pyramidalen Speer des perspektivischen Denkens durchstoßen. Wie zu Beginn dieses Buches festgestellt, ist das Mentale einfach keine aperspektivische Aussageform (wenn wir in diesem Kapitel wirklich ‚begreifen', was das Mentale ist, wie wir es im vorangegangenen Kapitel über das Perspektivische begonnen haben, wird sich dies hoffentlich im Leser verfestigen).

Das Integrale selbst offenbart einen Prozess, durch den Mutationen ihre verborgene, arationale Ordnung zu haben scheinen: die *Systase.* Die Systase ist ein Bruch mit der Synthese, dem dialektischen, kategorialen oder systemischen Denkstil:

> *„Die Systase ist ein Zusammentreten oder ein Zusammenfügen der Teile zur Ganzheit. Ihr akategoriales Element ist die integrierende Dimension, durch welche die dreidimensionale Raumwelt, die stets eine Welt der Teile ist, aussagbar zur Ganzheit zusammengeschlossen wird. Damit ist bereits gesagt, daß sie nicht ein Ordnungsschema neben dem des Systems ist. Vor allem aber dürfen wir nicht in den Fehler verfallen, sie, die Vorgang und Wirkung ist, als das Bewirkte aufzufassen. Tun wir*

87. Ebd.

es doch, so reduzieren wir die Systase zu einem Kausal-System. Es muß uns klar sein, daß die Systase innerhalb jedes Systems Wirkcharakter hat. Sie ist kein mentales Konzept. Sie ist aber auch kein mythisches Bild etwa im Sinne des πάντα ϱεῖ (panta rhei: alles fließt) des Heraklit; noch ist sie ein magisches, das nichts als die Bezogenheit von allem zu und mit allem postuliert. Sie ist aber auch nicht integral, sondern integrierend.‘[88]

Selbst auf der Ebene eines mentalen Konzepts ist die Systase nicht leicht zu verstehen. Feuerstein schreibt, dass „Systase im Gegensatz zur Systematisierung mit der richtigen ‚Anordnung‘ von Intensitäten (und nicht mit quantifizierten ‚Extensitäten‘) zu tun hat“.[89] *Synairese* ist dann der ‚Modus‘ des integralen Verstehens, der durch ‚zusammenfassen‘, ‚*von allen Seiten erfassend*‘ gekennzeichnet ist, wobei das Individuum aperspektivisch wahrnimmt.[90] Dies ist Picassos mehrdimensionaler Kunststil, der tatsächlich ‚alle Seiten‘ konkret auszudrücken scheint. An dieser Stelle kann festgehalten werden, dass der Prozess der Bewusstseinsmutation selbst im Mentalen nicht dialektisch oder linear, sondern diskontinuierlich und *synästhetisch* ist; der Prozess, durch den die kulturelle Evolution stattfindet, ist selbst integral (‚integral und integrierend‘).[91]

Das bedeutet, dass unsere Darstellungen der Entwicklung des Bewusstseins – die verschiedenen Landkarten, Modelle und konzeptionellen Schemata im Bereich der Bewusstseinsforschung – alle mit der Herausforderung konfrontiert sind, nicht nur Emergenz und Werden in einem aperspektivischen Modus zu beschreiben, sondern selbst integral *zu sein*. Kann Emergenz *ohne* Linearität ausgedrückt werden, oder vielmehr, kann eine

88. Ebd., 477.

89. Feuerstein, *Structures of Consciousness*, 194.

90. Gebser, UUG, 726, Anmerkung 15.

perspektivische und kategoriale Theorie der Bewusstseinsentwicklung selbst die „Quintessenz der Zeit" ausdrücken?[92]

In eine neue Realität vorzudringen, ist keine leichte Aufgabe. Diese Sprünge ins Unbekannte sind mit Risiken und der Möglichkeit des Scheiterns verbunden, und so haben neue Formen der Bekundung typischerweise ihre janusköpfigen Anfänge. Wie der Übergang vom mythischen zum mentalen Bewusstsein wird auch das aufkommende integrale Zeitalter viele interessante und wunderbare Artikulationen enthalten, die Altes und Neues mischen. In diesem Sprung des Denkstils von der pyramidalen Linearität zur sphärischen Systase ist Gebser als integraler Denker vielleicht einzigartig, weil er diesen Sprung so

---

91. Die synairetische Herausforderung taucht in den zeitgenössischen Diskussionen auf: Die neuere Wissenschaft bewegt sich fort von der Linearität und der Entwicklungsfixierung, die typischerweise in Theorien über die kulturelle Evolution zu finden sind (trotz der Kritik, dass ein solcher Schritt ein Schritt ins ‚Flachland' oder in die ‚Postmoderne' ist, was als abfällige Verleumdung nur deutlicher die Unfähigkeit des dialektischen Denkens zur Einbeziehung der Systase demonstriert). Die Arbeiten von Jorge Ferrer in *Revisioning Transpersonal Theory* (2001) und später in *Participation and Mystery: Transpersonal Essays in Psychology, Education, and Religion* (2017) sind zwei gute Beispiele für diesen neuen Stil des aperspektivischen Denkens. Auf der jüngsten Integral European Conference 2018 verwies Ferrer auf den Weltreligionen-Baum der 40 Foundation, die die Entwicklung des religiösen Bewusstseins in einer organischen, vielschichtigen und fast a-kategorialen Weise (sozusagen von allen Seiten) darstellt; ähnlich wie der evolutionäre Baum des biologischen Lebens heute dargestellt wird. Ferrer hat im Allgemeinen dazu beigetragen, die transpersonale Psychologie von einer inneren Kolonisierung des Bewusstseins durch den wissenschaftlichen Empirismus abzurücken. Jorges Denken ist Ausdruck einer integralen aperspektivischen Methode.

92. Das wirft die Frage auf: Wie sieht eine aperspektivische Karte des Bewusstseins aus? Gebser gibt uns einige Hinweise in seinen bewussten Versuchen, Systematisierung und rationale (als arationale, aber nicht unrationale) Linearität aufzugeben. Dies erfordert Experimente für zeitgenössische integrale Sachkundige. Kann Theorie zu Kunst werden, und wenn ja, kann eine Theorie des Bewusstseins irgendwie Picassos zeitfreie Gegenwart einbeziehen?

früh gemacht hat (beginnend mit seiner Forschung in den 1930er Jahren). Da er uns in dieser Herausforderung zur Systase einen Platzhalter hinterlassen hat, können wir nicht einfach auf frühere Denkstile zurückgreifen; ein Sprung vom Mentalen ins Integrale wird wirklich ein Sprung *aus* unserer vertrauten Welt sein. Bei der *Auflösung* der mangelhaften mentalen Struktur und der *Lösung* des effizienten Integrals ist die neue Mutation oft ein völliger Aufbruch, ein andere Ebene.

Da die Strukturen auch im Archaischen immer mit-gegenwärtig sind, sind sie immer *latent* und springen aus dem Zustand der Latenz in eine *effiziente* Phase der Reifung (obwohl Gebser uns wahrscheinlich raten würde, diese biologische Sprache nicht allzu ernst zu nehmen). Dieser Verwirklichungsprozess ist oft durch einen rauschhaften Überschwang jubelnder schöpferischer Äußerungen in Form neuer Kunstwerke, architektonischer, sprachlicher, geistiger und symbolischer Innovationen gekennzeichnet (wie wir im vorigen Kapitel gesehen haben). Wenn eine Struktur ihren schöpferischen Zenit erreicht hat, tritt sie in eine *defizitäre* Phase ein – vom Aufblühen zum Verwelken oder auch zur Erstarrung. Die Struktur verknöchert – ein Übergang von Yin zu Yang –, aber mit dieser Starrheit geht auch eine Fixierung einher. In diesem defizitären Modus beginnt sich der Keim einer Krise zu bilden; oft hat sich die geistige und schöpferische Anstrengung dieser Mutation erschöpft und verlagert sich vom qualitativen Ausdruck zur quantitativen Aufblähung, wie ein sterbender Stern, der sich zu einem roten Riesen ausdehnt.

Wie im Falle unserer gegenwärtigen Krise enden die Strukturen oft selbst in der Katastrophe. Wenn sie schließlich zusammenbrechen, stoßen sie neue kreative Lebenswelten an: neue Zeit-Raum-Verwirklichungen. Die auftauchende Struktur kann die vorherige in mancher Hinsicht ersetzen (sie ist effizient dort, wo die vorherige mangelhaft ist), aber das bedeutet nicht notwendigerweise, dass die neue Struktur das, was vorher war, auf saubere, progressive oder dialektische Weise integriert und weiterführt. Auch ist sie nicht unbedingt *holonisch* (im Sinne von verschachtelten Ordnungsebenen). Wer kann zum Beispiel sagen, dass die magisch-mythische Vorstellungswelt eine weniger wahre oder vollständige Stufe des Bewusstseins ist als die emergente mentale wissenschaftliche Welt? Mit dem Gewinn der räumlichen Welt geht ein Verlust des früheren verzauberten und partizipatorischen Kosmos einher. Mit der Wiederentdeckung einer Art digitalen Animismus im Denken der Gegenkultur der 1990er Jahre – d.h. der ‚archaischen Wiederbelebung' von Terence McKenna – oder der McLuhan´schen Wiederentdeckung des Animismus im Prozess der Planetisierung ist der Fall nicht klar, welche Welt richtig in die andere passt. In jedem Fall impliziert der integrale Prozess, dass diese Welten in unserem Bewusstsein in einer *gesunden* und nicht in einer *gespenstischen* Form wiederhergestellt werden müssen; im Fall der Moderne ist es das gespenstisch ‚elektromagnetische Imaginäre', in dem die elektronische Kultur die magische und mythische Welt durch die Hintertür der technologischen Innovation wiederbelebt (wie von Erik Davis in seinem Werk *Techgnosis* von 1999 gut dokumentiert).

Neue Welten öffnen sich, während andere sich schließen, und so ähnelt dieser Prozess der kulturellen Entwicklung eher dem punktuellen Gleichgewicht von Stephen Jay Gould und Niles Eldridge als der Entwicklungslogik von Ken Wilbers ‚transzendieren und einschließen'. Es stimmt, dass einige Qualitäten in der neuen Mutation beibehalten werden und sogar von den Errungenschaften ihrer Vorgänger abhängen (dem Auftauchen des mentalen Egos geht das Selbstbewusstsein der mythischen Seele voraus), aber sie hängen von diesen Errungenschaften nur in einer Latenzzeit ab. Die Welt-als-Höhle überlebt den Mutationsprozess als Gespenst; die Sternenhöhle wird zertrümmert, wenn das perspektivische Bewusstsein seine neue Realität mit großer erobernder Inbrunst und Überzeugung eröffnet, um dann als *Spuk*[93] des Mythischen und Magischen in Form des Unbewussten durch Freud oder Jung oder sogar im elektrischen Magnetismus von Mary Shelleys *Frankenstein, oder: Der moderne Prometheus* wiedergefunden zu werden. In der Welle des sogenannten postmodernen Denkens war es Deleuze, der den Prozess des Denkens auf seine ‚Ebene der Immanenz', sein Reich der magischen Verflechtung und vitalistischen Potenz, zurückführte und damit die Strukturen in umgekehrter Richtung nachzeichnete. „Denken heißt immer, dem Flug der Hexe zu folgen", schreibt er.[94]

Da dieser Prozess nicht linear verläuft, sondern aus diskontinuierlichen Sprüngen in neue Ebenen der Realität besteht, folgt die Integration nicht notwendigerweise neuen Mutationen, bis wir die integrale Struktur erreichen. Die Systase tritt im Aperspektivischen in den Vordergrund als asystematische Ordnung des Ganzen (*a* ist bei Gebser immer das Zeichen der Freiheit). Zeit-Verwirklichung (nicht der Uhrzeit, wohlgemerkt, sondern des Achronons, der Zeitfreiheit) erlaubt es uns, in einer neuen Wirklichkeit zu *leben* – einer Welt von allen Seiten –, die nicht auf Synthese oder kategoriale Gerüste angewiesen ist, um die Strukturen zusammenzuhalten. Vielmehr ist es ein Vertrauen in die nicht-menschliche Anordnung der *Systase*, die integrierende Kraft des unendlichen schöpferischen Ursprungs selbst. Mit ‚nicht-menschlich' beziehe ich mich auf das in den Geisteswissenschaften zunehmend populäre Konzept der ‚nicht-menschzentrierte Wende'.[95] Dies ist eher ein Ansatz der

93. Vgl. Mark Fisher´s 'Hauntology' in *Ghosts of My Life* (Alesford: Zero Books, 2014).

94. Gilles Deleuze, Félix Guattari, *What is Philosophy?* (New York: Columbia UP, 1994, 41.)

via-negativa, aber wir können annehmen, dass es sich dabei auch um eine Art aperspektivische Wende handelt, die nützlich ist, um die Grenzen der perspektivischen Welt zu konzeptualisieren: eine Anerkennung, dass wir das Reale in seiner Totalität nicht quantifizieren können, und eine Anerkennung des Anderen. In den Geisteswissenschaften sehen wir zunehmend eine aperspektivische Qualität des Denkens selbst und eine Transparenz für die ‚Welt ohne uns', eine Welt, die sich dem totalisierenden Zugriff der mentalen Struktur entzieht. Dies wird insbesondere in Eugene Thackers Konzept des Planetaren (eine interessante Ergänzung zu Gebsers Arationalität und Teilhards Planetisierung) in *In the Dust of This Planet* weiter ausgeführt.

Was die Strukturen verwirklicht, was *alle* Zeit- und Raumformen begründet, ist der Ursprung. Die Synairese ist also im Menschen eine Intensivierung des Bewusstseins, die mit einem *Zulassen* oder Raumgeben für diese Integration gleichzusetzen ist (die aktive Konstruktion der geistigen Synthese wird durch das „gegenseitige Wahrnehmen und Vermitteln der Wahrheit" ersetzt, das auf dem *Sein* und nicht auf dem Tun beruht). Wir nehmen am Ursprung teil, so wie er an uns teilnimmt (in der Tat alle Formen der Zeit-Raum-Verwirklichung), und insofern wir für ihn transparent sind, erkennen wir die Grenzen der perspektivischen Welt, um diese Realität zu erfassen. Es gibt hier eine taoistische Qualität des *Nicht-Tuns.* Die mentale Systematisierung muss nicht in jedem Fall abgelehnt werden, aber sie verliert ihren privilegierten Platz als Zentrum der menschlichen Aktivität. Die perspektivische Welt wird wieder in ein angemessenes Verhältnis zu der nichtperspektivischen und der aperspektivischen Welt gebracht. Hier wird Gebsers Konzept des

95. Siehe Richard Grusin, *The Non-Human Turn* (Minneapolis: University of Minnesota Press, 2015).

Übergangs von der Philosophie (Denken über die Wahrheit) zum ‚Wahren' (In-Wahrheit-Sein) endlich greifbar. Die Philosophie wird zur *Eteologie.* „Nicht Philosopheme", schreibt Gebser, „wie beispielsweise phänomenologische, ontologische oder existenzielle sind heute notwendig, sondern *Eteologeme.* Die Eteologie tritt an die Stelle der Philosophie, so wie einst diese Philosophie an Stelle der Mythen trat".[96] Wenn das Mentale wieder in seine angemessene Beziehung zum Ganzen gebracht wird, laufen wir nicht mehr Gefahr, unzulängliche und totalisierende Wahrheitsansprüche zu erheben (Sri Aurobindos Konzept des höheren Geistes sowie des Supramentalen bestätigt diesen Ansatz).

Die Strukturen des Bewusstseins und ihr Mutationsprozess als Ganzes sind also die Entfaltung von Zeit-Raum-Verwirklichungen (in Form von zunehmender Dimensionalität), eine zunehmende Entfernung vom Ursprung und die allmähliche Konkretisierung der Individuation. Da die Strukturen immer latent in uns vorhanden sind und die Zukunft die Gegenwart ebenso beeinflusst wie die Vergangenheit, können wir nicht sagen, dass dieser Mutationsprozess linear verläuft. Insgesamt gesehen handelt es sich um eine Reihe von punktuellen Sprüngen – Umstrukturierungen –, bei denen sich Welten gleichzeitig schließen und öffnen (Sokrates beklagte den Verlust der Philosophie als *mündliche* Tradition, als die Griechen zur Schriftkultur übergingen). Diskontinuität schließt jedoch Integration nicht aus: In der integralen Mutation sehen wir eine Kohärenz des Ganzen.[97]

---

96. Gebser, UUG, 477.

97. Obwohl aus dieser aperspektivischen Sichtweise heraus der *gesamte* Mutationsprozess und nicht nur der integrale Sprung als ein integrales Ganzes gesehen werden könnte. Die integrale Mutation ist der Punkt, an dem diese Ganzheit in den Vordergrund tritt, d.h. von der maximalen Latenz zum vollen und bewussten Ausdruck.

Gebsers Konzept der Emergenz ohne Entwicklung und der synairetischen Kristallisation der Strukturen ist ein grundlegend neuer Ansatz in der Literatur zum Thema der kulturellen Entwicklung. Während uns Ken Wilbers Einsicht in die Prä-Trans-Verwechslung zwar hilft, dieselben traditionalistischen Fallen zu vermeiden, indem er die transpersonalen Realitäten auf höhere Stufen der Bewusstseinsentwicklung zurückführt, behält er aber *immer noch* eine perspektivische Linearität bei, die die früheren Strukturen (insbesondere die magischen und mythischen) auf einen Zustand des bloßen Infantilismus reduziert.[98] Hier werden wir an J.R.R. Tolkiens berühmtes Gedicht und Manifest, *Mythopoeia*, erinnert, das auf eine Aussage von C.S. Lewis antwortet: dass Mythen bloße „durch Silber gehauchte Lügen" seien. „Es gibt kein Firmament", antwortet Tolkien, „nur eine Leere, es sei denn, ein

98. Siehe Ken Wilber, *The Collected Works of Ken Wilber, Volume 2* (Boston: Shambhala, 1999), 59. Wilber behauptet im Wesentlichen, dass es zwei Lager gibt, wenn es um die Betrachtung der Vormoderne geht. Das erste sind die Romantiker, die meinen, dass die Menschen der Vormoderne in einem wahrhaftigen transpersonalen Paradies lebten (eine Art Einheitsbewusstsein). Der andere, eher modernistische Standpunkt besteht darin, jeden transpersonalen Zustand als eine Regression zu betrachten (z. B. Freuds berühmte Behauptung, die Mystik sei eine bloße Rückkehr zum ozeanischen Bewusstsein des Mutterleibs). Die eine Behauptung ist elevationistisch, während die andere reduktionistisch ist. Dies lässt uns mit einer problematischen Form des Denkens zurück, da Wilbers entwicklungsorientierte Lösung eine streng lineare Sicht der Bewusstseinsentstehung erfordert, die das Transpersonale für die höheren Stufen aufspart, während sie die so genannten ‚niedrigeren' Stufen immer noch auf eine kindliche Fantasie reduziert, anstatt auf einen wahren und jetzt verlorenen Modus der Teilnahme. Die früheren Stadien werden also nur insofern anerkannt, als dass sie dazu anleiten, zu reifen und in die Moderne hineinzuwachsen, um erst später spirituelle Dimensionen auf der Ebene des Transpersonalen zu erkennen. So wie es aussieht, ist diese perspektivische Synthese unvereinbar mit Gebsers Verständnis der Strukturen. Wo Wilbers Denken mit dem von Gebser übereinstimmt, ist in seiner Idee des Ruhens und der Entfaltung in den früheren Stadien.

juwelenbesetztes Zelt ... mythengewebt und elfengemustert; und keine Erde, es sei denn, der Mutterschoß, aus dem alles geboren wird."[99] Mythen, Mythenbildung und auch die mythischen Strukturen des Bewusstseins können nicht starr aus der perspektivischen Linse betrachtet und dennoch angemessen rehabilitiert werden (tatsächlich ist die perspektivische Linse so etwas wie ein Ätzmittel für verzauberte und partizipatorische Lebenswelten). Glücklicherweise impliziert Gebsers Vorschlag, dass die Strukturen alle selbst eine Reihe von „Sprüngen" sind, ihre Nichtlinearität befreit sie von einer strikten Entwicklungslinie.[100] Diese Einsicht erlaubt es uns, den früheren Strukturen zu Recht eine gewisse ontologische Gültigkeit zuzuschreiben und gleichzeitig die Gewinne der späteren anzuerkennen (das Mythische, wie wir sehen werden, in der Entstehung der Seele und das Mentale in der Entstehung des Ichs). Auf jeden Fall sind die Strukturen selbst weiterhin wirksam (wenn auch nicht immer *effizient*) und keineswegs nur regressive Züge oder evolutionäre Überbleibsel aus einer verzauberten Vergangenheit. Die letztgenannte Sichtweise riecht nicht nur nach einer Verengung des Blicks auf die mental-rationale Struktur, sondern auch nach deren kolonisierenden Denkprozessen.[101] Alle Mutationen sind phänomenologisch im menschlichen Bewusstsein präsent. „Wir sind", schreibt Gebser, „von der fortdauernden Wirksamkeit der ‚früheren' Strukturen in uns überzeugt, und darüber hinaus auch von der beginnenden, also schon gegen-

---

99. Siehe J.R.R. Tolkien, 'Mythopoeia', in *Tree and Leaf, including the Poem Mythopeia* (Boston: Houghton Mufflin, 1988), 99.

100. Gebser, UUG, 115.

101. Es ist mehr als eine Fußnote wert, aber für dieses Buch könnten wir einen Samen pflanzen: Die Strukturen des Bewusstseins sind ein Modus der Dekolonisierung animistischer und partizipatorischer Lebenswelten, ja eine Dekolonisierung der Seele in letzter Hinsicht, sogar für den Westen. Zumindest muss die integrale Struktur dies sein, wenn sie überhaupt etwas ist.

wärtigen Wirklichkeit der sogenannten ‚zukünftigen Strukturen in uns'."[102] Man erinnere sich an Rilke: „Es gibt keinen Ort, der dich nicht sieht."

Gebsers Mutationsansatz ist also *sprunghaft* und bietet uns eine vorsichtige Art und Weise an, über die Zukunft zu sprechen, über das Werden, das natürlich eine Form der Emergenz durch die Prozesse der chronologischen Zeit beinhaltet (d.h. die fortschreitende Verwirklichung des Ursprungs der Menschheit). Es handelt sich dabei nicht um einen Entwicklungsprozess im strengen Sinne, da Mutationssprünge nicht immer eine gesunde Integration ihrer vorherigen Strukturen erfordern (d.h. die ‚holonische' Sichtweise der menschlichen Evolution), auch wenn sie von einer gewissen entfaltenden Dimensionalität abhängen.

Wir können uns vom entlarvten Positivismus des zwanzigsten Jahrhunderts fernhalten und gleichzeitig den Dekonstruktivismus unserer eigenen Epoche vermeiden, der, wie wir sehen werden, wohl *immer* noch eine Form der perspektivischen Fixierung durch die Ratio ist.

Die archaische Struktur

„Die wahrhaften Menschen der früheren Zeiten schliefen traumlos"

Hier befinden sich *alle* Mutationen des Bewusstseins in einem Ruhezustand. Gebser weist darauf hin, dass *‚archaisch'*, im Griechischen *‚arche'*, ‚Anfang' oder ‚Ursprung' bedeutet.[103] Diese Struktur ist *null-dimensional*, „die Zeit, da die Seele noch schläft, und so ist sie die traumlose Zeit und die der gänzlichen Unun-

102. Gebser, UUG, 116.
103. Ebd.

terschiedenheit von Mensch und All."[104] Von allen Strukturen ist dies diejenige, die sich am schwierigsten mit einer bestimmten historischen Manifestation in Verbindung bringen lässt. Gebsers archaische Struktur, wenn man sie in der kulturellen Entwicklung überhaupt als solche bezeichnen kann, ist der Ereignishorizont der Hominisierung selbst; jene unentzifferbare Kluft zwischen dem, was uns zu kunstschaffenden Menschen macht, und den vorkünstlerischen hominiden Vorfahren (doch selbst *diese* Grenze ist verschwommen, und es ist anzunehmen, dass frühere Anthropoiden eine Form des symbolischen Denkens an den Tag gelegt haben können). Dieser Versuch einer Abgrenzung müsste sehr grob erfolgen, da der Evolutionsprozess vom *Australopithecus* zum *Homo sapiens* in den letzten Millionen Jahren stattgefunden hat (wo genau würden wir ihn ansetzen?).

Weitere Belege für die eher spirituellen als historischen Ausdrücke des Archaischen finden wir in den Schriften von Chuang-tzu: „Die wahrhaften Menschen der früheren Zeiten schliefen traumlos"[105] Feuerstein schreibt, dass das Archaische „ein Bewusstsein von maximaler Latenz und minimaler Transparenz bezeichnet", was uns hier weiterhilft.[106] Wir mögen uns an den griechischen Mythos der Androgynie erinnern – die zellenartige Einheit von Mann und Frau in einer vollkommenen Sphäre –, aber selbst das ist noch zu sehr mit der mythischen Vorstellungsstruktur beladen. Der tiefe, traumlose Schlaf ist ein direkterer Ausdruck des Archaischen, wenn wir versuchen wollen, dieser Struktur in uns selbst zu begegnen. Gebser stützt sich auf eine Beschreibung von Richard Wilhelm (bekannt für seine vielgelesene Übersetzung des I-*Ching oder des Buches der*

---

104. Ebd.118

105. Ebd., 119

106. Feuerstein, *Structures of Consciousness*, 51

Wandlungen), der feststellt, dass die frühe chinesische Farbsymbolik noch nicht zwischen Blau und Grün oder Erde und Himmel unterschieden hat. „Diese Identität von Erde und Himmel bringt den *makrokosmischen Einklang* zum Ausdruck. Beide zusammen, mikrokosmischer und makroskopischer Einklang, sind nicht anderes als *problemlose Identität von Mensch und All.*“[107]

Die sich abzeichnende Unterscheidung von Erde und Himmel, von Seele und Welt, war der erste Akt des Hervortretens der Seele aus dem Schlummer (und damit aus der totalen Identifikation des Archaikers mit der Welt im tiefen Schlummer). Ken Wilber übernimmt in seinen früheren Werken wie *Halbzeit der Evolution* Gebsers archaische Struktur als archaisch-ouroborisches Stadium (Ouroboros ist die Schlange, die sich selbst verschlingt, was Nicht-Differenzierung impliziert). Gebser bringt diese Diskussion über Erde und Himmel mit Platons Aussage in Verbindung: „... Seele ist ... zugleich mit dem Himmel (entstanden)“[108]

Es gibt nicht viel, was über das Archaische gesagt oder dokumentiert werden kann, aber das Wesen dieser Struktur ist, wie Feuerstein feststellte, ‚maximale Latenz‘, was bedeutet, dass alle zukünftigen Mutationen (magisch, mythisch, mental) gleichzeitig vorhanden und latent sind; das Archaische *ist* das latente Integral, und das Integral ist das vollständig realisierte Archaische. Wir können auch sagen, dass die Latenz des Archaischen inhärent instabil ist; dass die Strukturen des Bewusstseins sich in gewisser Weise auf ihre eigene Potenzierung stützen und erwachen, um hervorzubrechen.

Und so kommen wir zum ersten erkennbaren Sprung.

---

107. Gebser, UUG, 120
108. Ebd.,120

Die magische Struktur

Wir springen von der null-dimensionalen Identität des Archaischen zur ein-dimensionalen punktartigen Einheit in der magischen Struktur. Diese Punktartigkeit hat für Gebser eine doppelte Bedeutung: Sie drückt die sich abzeichnende Differenzierung des Selbst von der Welt aus und bezeichnet zugleich eine Welt, in der jeder Punkt durch alle anderen Punkte in einem vitalen, magischen Nexus austauschbar ist. Wir sind, wenn auch nur leicht, aus der latenten Traumlosigkeit in ein tiefes, zeitloses Träumen erwacht, und in diesem Träumen gibt es ein aufkeimendes Wirken der Unterscheidung zwischen Selbst und Welt. In der Magie steckt das *Machen.* Gebser erinnert uns erneut an die Bedeutung der Etymologie und verbindet die Wörter ‚Magie', ‚machen', ‚Mechanismus', ‚Maschine' und ‚Macht' mit *mag(h)*.[109] Der Mensch beginnt in dieser Struktur, eine Welt zu *haben*, anstatt *als* Welt identifiziert zu werden, und mit der magischen Struktur kommt die Aktivität des Machens und der Magie selbst. William Irwin Thompson kommentiert die magische Struktur mit einer McLuhan-esken Anmerkung:

> *Als der Homo sapiens sapiens auftauchte und sich vom archaischen Homo sapiens in Südafrika abspaltete, war das Tier die abgetrennte Umgebung in der neuen unsichtbaren Umgebung der Menschheit. Die Kunst entstand und wurde zu dem Unterschied, der den Unterschied zwischen Natur und Kultur ausmachte, und die ersten Ausdrucksformen dieser Trennung zwischen dem Gegebenen und der Gabe waren kleinkünstliche Objekte, Werkzeuge, Musikinstrumente und dann die parietale Kunst und Skulptur.*[110]

109. Ebd., 121.

110. Thompson, *Beyond Religion*, 13.

Die Grenzen zwischen Selbst und Welt sowie Kultur und Natur gleichen in dieser Struktur jedoch eher einer durchlässigen Zellwand als einer Stadtmauer, und so ist das Bewusstsein des Magischen durch seine Fähigkeit gekennzeichnet, mit der Natur zu *verschmelzen*, in Trance zu gleiten, oder zu dem zu gelangen, was Imants Baruss im Plural als ‚Bewusstseinsveränderungen' beschreibt.[111] Der erwachende Geist gleitet in den träumenden Geist – beide müssen noch in die erkennbar modernen Sensibilität unterschieden werden. Sie funktionieren auf unterschiedliche Weise, in einem Kontinuum: „Das entstehende persönliche Ich ist noch nicht stabilisiert, und der labile Geist kann gleichzeitig im Traum- und im Wachbewusstsein funktionieren. Das Individuum sieht die Welt, aber der träumende Geist reißt die Vorgabe an sich und verwandelt sie in zwei Objekte gleichzeitig".[112] Dieses *Eindringen der Kunst in das Bewusstsein*, das wir im vorigen Kapitel, in dem wir die Welt-als-Höhle untersucht haben, kurz besprochen haben, wirft ernste Fragen auf. J.F. Martel fragt in *Reclaiming Art*: „Wie kann eine Lebensform, die sich entwickelt hat, um zu überleben und sich fortzupflanzen, plötzlich den Automatismus des Reflexes und des Instinkts unterbrechen, um *bedeutungsvolle* Bilder in Bildern, Liedern, Skulpturen, Poesie und Tanz zu produzieren?"[113] Diese Frage ist rhetorisch und verweist auf die Akausalität der Kreativität selbst. „Kunst war ein Ereignis", fährt Martel fort, „am Ende ist Kunst vielleicht gar nicht unsere Erfindung ... Picasso hat sich geirrt: Die frühen Menschen haben die Kunst nicht erfunden. Die Kunst hat die Menschheit erfunden."[114]

111. Siehe Imants Baruss, *Alterations of Consciousness: An Empirical Analysis for Social Scientists* (Washington DC: American Psychological Association, 2004).

112. Thompson, *Beyond Religion*, 14.

113. Martel, *Reclaiming Art in the Age of Artifice*, 8.

114. Ebd., 9.

Diese Einsicht scheint mit Gebsers Verständnis übereinzustimmen, dass das Bewusstsein nicht das *unsere* ist. Wir können zwar von seiner Verwirklichung in uns sprechen, aber in Wahrheit besitzen wir es nicht. Vielmehr sind Kreativität und die Strukturen des Bewusstseins selbst ein *originäres* Phänomen (und können daher nur auf das Geistige, das Unaussprechliche zurückgeführt werden). Jede geistige Mutation ist kein heroischer Sprung in ein neues Bewusstsein, sondern ein partizipatorischer Prozess, bei dem man sich dem Ursprung anvertraut und in einen Prozess eintritt, der eher ko-aktiv als territorialisierend ist (indem er eine Zeit-Raum-Verwirklichung lediglich einnimmt, beansprucht oder erobert). Die Renaissancekünstler des perspektivischen Zeitalters waren schließlich besessen „von dem Bestreben, den Raum zu realisieren, [...] und dieses Bestreben nicht bloß *besaßen*".[115] Wenn wir in dieser Angelegenheit überhaupt eine Wahl haben, so liegt sie in unserer Fähigkeit, *mit* diesen Kräften zu arbeiten, die durch uns aufsteigen; unsere Fähigkeit, das Entstehen der Bewusstseinsverwirklichung zuzulassen und mitzugestalten.

Kurz gesagt, die Qualitäten der magischen Struktur manifestieren sich in:

1) ihrer Ichlosigkeit,
2) ihrer punktförmigen Einheit
3) ihrer raum- und zeitloser Dimensionalität
4) der Fähigkeit, mit der Natur zu verschmelzen und
5) dem Menschsein als *Hersteller*

Was Thompson als die Fähigkeit der magischen Struktur beschreibt, sowohl ein materielles Objekt als auch sein symbo-

115. Gebser, UUG, 114.

lisches Gegenstück zu sehen, ist das, was William Blake poetisch als ‚doppeltes Sehen' beschrieb:

> „*With my inward eys, 'tis an old Man gray*
> *With my outward a thistle across my way*"[116]

Für Gebser ist dies die „sichtbar gewordene Austauschbarkeit des real verursachenden Elementes mit dem irreal verursachenden Elemente", die die punktbezogene Einheit der magischen Struktur wiedergibt, in der „alles und jedes miteinander wirkend vertauschbar ist".[117] Jeder Punkt ist ein geheimer Weg zu allen anderen Punkten. Gestern, heute und morgen sind austauschbar. Rituelle Handlungen sind untrennbar mit ihren gewünschten Ergebnissen verbunden, und sie sind nicht kausal, wie wir denken würden (dass X Ritual Y Ergebnis erzeugt). Stattdessen *ist* für die magische Struktur X gleich Y. Die materielle Realität ist eine symbolische Realität, voller Wunder und Schrecken vor anderen Kräften und Mächten (mit anderen Worten: die magische Struktur offenbart die Realität des Animismus). Als moderne Menschen würden wir denken, dass dies bedeutet, dass das Symbolische im Magischen *wörtlich* genommen wird. Das ist nicht der Fall. Das Magische ist weder rein symbolisch noch buchstäblich, wobei letzteres eine perspektivische Innovation ist und nicht in die magische Struktur zurückprojiziert werden darf. Die magische Welt ist eine subliminale Substanz, auf die wir die Frage, ob sie aus Materie oder Bedeutung besteht, mit einem mehrdeutigen ‚Ja' beantworten müssen.

---

116. William Blake, zitiert in: Stephen Toulmin, '*The Inwardness of Mental Life*', *Critical Inquiry 6.1* (1979): 1-16, 4.
117. Gebser, UUG, 125.

Doch selbst hier, bei der Menschheit-als-Hersteller, sind die Anfänge des *Selbst* im Entstehen begriffen. „Denn, […], so ist hier doch der Mensch oder die Menschengruppe der Handelnde, der sich zwar dem verflochteten Geschehen einfügt, aber gerade durch diese Einflechtung und dieses Eingefügtsein dem Geschehen eine bestimmte Richtung verleiht [...] alles Richten schließt ein Bewußtwerden ein".[118] Der Akt der Herstellung von Kunst, Magie sowie des Machens für das magische Bewusstsein sagt uns, dass die Menschheit sich nicht mehr in totaler Identifikation mit der Welt befindet; das „allmähliche Sich-Gegenüberstellen" setzt ein, wenn auch nur als Gruppen-Ich oder Gruppen-Bewusstsein.[119]

Der Schamanismus fühlt sich in diesem Geflecht zwischen Subliminalität und Trance wohl. Der Löwenmensch des Jungpaläolithikums (in Deutschland entdeckt),[120] der ‚Zauberer' der Drei-Brüder-Höhle oder der ‚Vogelmensch' von Lascaux sind allesamt eindrückliche Beispiele für die Verbindung von Mensch und Tier, Natur und Kultur, Symbol und Material usw. Ein weiteres Motiv, das Gebser beschreibt, ist das der *Mundlosigkeit*. Er verwendet die Wandjina-Felskunst der australischen Aborigines,[121] oder die Venus von Brassempouy, um dies zu demonstrieren:

> *„Was diese Mundlosigkeit bedeutet, wird ersichtlich, wenn man realisiert, in welch betontem Maß diese Darstellungen (Malereien und Statuetten) Ausdruck, ja Kennzeichen der magischen und nicht etwa der mystischen Bewußtseinsstruktur sind. Denn*

118. Ebd., 127.

119. Ebd., 128.

120. Siehe Jill Cook, "*The Lion Man: An Ice Age Masterpiece*": https:// blog.britishmuseum.org/the-lion-man-an-ice-age-masterpiece/ [letzter Zugriff am 30. Dezember 2018].

121. Gebser, UUG, 136.

erst dort, wo Mythos ist, ist auch der ihn aussagende Mund [...] es ist ein Hinweis darauf, in welchem Maße noch nicht das Gesprochene Bedeutung hat, sondern, wie wir sogleich sehen werden, das Gehörte, d.h. die Laute der Natur, die auf den magischen Menschen einwirken."[122]

Diese Fähigkeit der Stille oder des *Zuhörens* kennzeichnet das ‚labyrinthische Ohr' und nicht das Auge als das assoziative Organ für die magische Struktur. Gebser verweist erneut auf das Wort *gehören*, das sich von hören ableitet.[123] Denken Sie noch einmal zurück an die Welt-als-Höhle und die Bedeutung des akustischen Raums in der nichtperspektivischen Umschließung, um mit den Stimmen in der Dunkelheit in Resonanz zu treten. In Anlehnung an McLuhan könnte man auch daran denken, wie die Akustik des griechischen Amphitheaters die magische Struktur in die landwirtschaftliche Gesellschaft trug. Gedächtnis, Körperhaltung und Lyrik spielten eine wichtige Rolle für mündliche Kulturen vor der Vorherrschaft der Schriftsprache.

Ich möchte jedoch hinzufügen, dass eine *andere* Form des Blicks wichtig ist und sich hier in diesen mundlosen Gesichtern zeigt – eine, die Gebser nicht explizit erwähnt – und wiederum den Menschen mit der nicht-menschlichen Umgebung der Tierwelt verbindet: Stellen Sie sich den stummen Blick eines Rehs im Wald vor, den durchdringenden Blick einer Eule – solche wortlosen Blicke und instinktiven Begegnungen kommunizieren *Bände* in der nonverbalen Kommunikation der Körpersprache und der subtilen auditiven Umgebungen, die in der mehr-als-menschlichen Welt üblich sind. Die Fähigkeit zu

122. Ebd., 136

123. Ebd., 139.

hören ist bei vielen Arten gut entwickelt, nicht zuletzt bei unseren domestizierten Katzen und Hunden.

Das mundlose Antlitz ist ein gleichzeitiger Hinweis *zurück* auf die verkörperte Sprache der Tierwelt und die intuitive oder *psychische* Kommunikation mit der Geisterwelt (diese beiden Welten bilden wir für die animistische magische Struktur ein *Kontinuum* mit der menschlichen Welt, wie es in den auralen Gesichtern der Wandjina-Felskunst so kraftvoll zum Ausdruck kommt).

Wann immer wir beginnen, uns wieder mit der nonverbalen Welt der verkörperten Präsenz und des Zuhörens (in jedem Sinne dieses Wortes) zu verbinden, wenn wir anfangen zu *hören* und so zu dem *gehören*, was wir hören, *stellen wir* uns auf die magische Struktur ein (und hören wieder).

In ihrer defizienten Phase hat die magische Struktur die Fähigkeit, das Ich-Bewusstsein zu überwältigen und aufzulösen oder es im Aberglauben zu lassen (Gebser stellt das ‚Bannen' als die *effiziente* und ‚Hexerei' als die defiziente Manifestation dar, aber wir können diese Wortwahl zu Recht wegen ihrer veralteten und patriarchalen Voreingenommenheit gegenüber der Hexerei als Abwertung kritisieren.)[124] Wir haben bereits auf die etymologische Nähe zwischen Machen, Maschine und Magie in *Mag* hingewiesen, aber wenn das Ego übermäßig aufgebläht ist (und die Magie unterdrückt wird), wird es ironischerweise anfällig für eine Art Besessenheit durch die Mächte und Kräfte der psychischen Welt (das Mythische und Magische). Oft handelt es sich dabei eher um mangelhafte als um effiziente Rückgewinnungen. Gebser verstand dies als eines der Phänomene,

---

124. Siehe zum Beispiel Laura Tempest Zakroffs *The New Aradia: A Witch's Handbook to Magical Resistance* (Seattle: Revelore Press, 2018) oder Pam Grossman's *Waking the Witch: Reflections on Women, Magic and Power* (New York: Gallery Books, 2019).

die dem europäischen Faschismus des zwanzigsten Jahrhunderts (und leider auch unserer Zeit) zugrunde lagen. Das Magische drückt sich auch negativ in der Fähigkeit aus, auf gedankenlose Weise zerstörerisch zu sein, ein *Tun ohne Wissen*,[125] das sich auch als eine Art von Maschinenbewusstsein oder massenhafter zerstörerischer Gewalt im defizient mentalen Zeitalter manifestiert.

Wir können – wenn auch nur für einen Moment – in unsere eigene Zeit springen, wo alle Strukturen des Bewusstseins eine Rolle spielen, und einen Blick auf das imagistische Medium des Kinos werfen. In Stanley Kubricks *The Shining* wird Jack Torrences waches Ich kurzerhand demontiert und von den besitzergreifenden und gewalttätigen Geistern des Overlook Hotels überwältigt; er verfällt in tranceähnliche Zustände oder wird durch schreckliche Wachträume und gewalttätige Albträume emotional verstört (auch hier der Zusammenbruch der Unterscheidung zwischen wachem und träumendem Geist). Man beachte auch die mythische Zeitlichkeit von Jacks mörderischer Besessenheit, die sich im Hotel mythisch zu wiederholen scheint, oder auch die magisch labyrinthartige (oder höhlenartige) Qualität des Overlook Hotels selbst (ganz zu schweigen vom Labyrinth des Films, in dem Jack schließlich wie der griechische Minotaurus gefangen ist).[126] Es scheint, dass der Horror (insbesondere der übernatürliche Horror) als künstlerisches Genre in der zeitgenössischen Welt ein Mittel ist, mit dem sich die magische Struktur – in dem Maße, wie ihre Realität von der wachen mentalen Realität abgelehnt wird – mit Nachdruck wieder durchsetzt.

---

125. Gebser, UUG, 139.

126. Siehe John David Ebert, '*John David Ebert Movie Review on The Shining*': https://www.youtube.com/watch?v=GJfzyxmWB3Y [letzter Zugriff am 15. Oktober 2018].

Andere, effizientere Ausdrucksformen des Magischen kommen uns in unserer zeitgenössischen Medienökologie in den Sinn. Die Kunstwerke des peruanischen Schamanen Pablo Amaringo zum Beispiel demonstrieren anschaulich die vielfältigen Verflechtungen der magischen Struktur. Atemberaubende Netze aus bunten Mustern offenbaren die komplexe Einheit von Pflanze, Mensch, Tier und Geist – dies wird im zeremoniellen *Ikaro*-Gesang des Schamanen während der Ayahuasca-Zeremonien visuell konkretisiert. Dieses *zur Welt zurück singen*, oft zum Zwecke der Heilung, ist ein kraftvoller Ausdruck der effizienten und auditiven Magie.[127]

Das wiederbelebte Interesse am Schamanismus, die Rückbesinnung auf okkulte und esoterische Praktiken und Terence McKennas ‚archaisches Revival' der 1980er und 1990er Jahre sind auch Ausdruck einer gesünderen Form der Re-Integration der magischen Struktur in unserer Zeit (und, für McLuhan, einer Resonanz zwischen elektronischer Kultur und mündliche Kultur oder dem Magischen und Mythischen und dem Integralen).[128]

Für den Moment können wir das Magische als den dimensionalen Punkt zusammenfassen: eine Navigation von Schwellen in der schamanischen Unterschwelligkeit von Mensch und Tier, ein aufkeimendes Ich und ein Gruppen-Ich, eine Kontinuität von Wachwelt und Geisterwelt und eine Einheit des sogenannten ‚materiellen' und symbolischen Bereichs.

Dies ist der Nexus der magischen Verflechtung.

Das Ich existiert kaum anderes als Latenz. Der Weltnexus des Seins muss erst noch *verinnerlicht* und im Prozess der Individua-

127. Siehe Luis Eduardo Luna, Pablo Amaringo, *Ayahuasca Visions: The Religious Iconography of a Peruvian Shaman* (Berkeley: North Atlantic Books, 1999).

128. Siehe Terrence McKenna, *The Archaic Revival* (San Francisco: Harper Collins, 1991).

tion in das Ich eingefaltet werden. Wenn sich hier eine Dimension der Zeit manifestiert, dann ist es eine *Zeitlosigkeit*: die Einheit von Vergangenheit, Gegenwart und Zukunft. Ein Teil für alle Teile. *Pars pro toto.*

Die mythische Struktur

Wenn wir von der eindimensionalen magischen Struktur zur zweidimensionalen mythischen Struktur übergehen, entfalten wir die Qualität der *Polarität*. Die Zeitlosigkeit springt in die Rhythmik. Die mythische Struktur äußert sich in der Zirkularität von Winter und Sommer, in den astronomischen Zyklen der Kosmogonie, in der Komplementarität von Himmel und Unterwelt und in der Spiegelung von Mikrokosmos und Makrokosmos in der individuellen Seele und der Weltseele (der *anima mundi*). Das Selbst im mythischen Kosmos bleibt partizipatorisch, aber seine Undeutlichkeit weicht einer Zentrierung in der Seele durch einen Prozess der Verinnerlichung.

Es ist schwierig, eine klare Unterscheidung zwischen der magischen und der mythischen Struktur zu treffen (sozusagen die Grenzen oder das Verhältnis zu bestimmen). Es ist anzunehmen, dass sich diese beiden Strukturen seit dem Beginn des Kunstschaffens vermischen. Denn in der Verflechtung des vitalen Netzes des Magischen haben wir auch die Verflechtung von Erde und Himmel, Sternen und Geistern, Sternenzeit und Jahreszeiten. In der Tat sind die Sterne die Quelle einiger unserer frühesten und archetypischsten Erzählungen, wie von Gordon Whites in *Star.Ships* beschrieben. Der magische Verflechtungsnexus erscheint in der mythischen Struktur weiterhin als ein Motiv. Gebser gibt uns das Beispiel der altägyptischen Zeichnung einer ‚Nubischen Schlacht' auf einer Truhe im Grab von Tutanchamun, etwa 1.300 v. Chr.: Soldaten erscheinen im

Kampf, dargestellt als ein verflochtenes, unperspektivisches Geflecht.[129] Die schamanische Morphologie von Mensch-in-Tier zeigt sich auch weiterhin in mesoamerikanischen Zivilisationen durch Beispiele wie dem ‚Jaguarmann' der Olmeken.[130]

„Das Charakteristikum der mythischen Struktur", schreibt Gebser, „ist die Bewußtwerdung der Seele".[131] Seelen und Sterne, astronomische Zeit und archetypische Zeit sind daher gleichbedeutend mit dem Bewusstsein der mythischen Struktur. Gobekli Tepe, das auf das Jungpaläolithikum zurückgeht (was die Verschränkung von Magie und mythischen Strukturen noch verstärkt), oder auch das neolithische Stonehenge sind Ausdruck dieses komplexen, astrologischen Bewusstseins. Es manifestiert sich auch in den anspruchsvollen Kalendersystemen der Maya, der aztekischen und ägyptischen Zivilisationen (in der Tat war sich die gesamte antike Welt der Sterne sehr bewusst). Gebser versteht diese kosmologische Orientierung interessanterweise als einen endgültigen Schritt aus dem Nexus der magischen Struktur heraus – einen vollzogenen Sprung, bei dem die Natur durch die Kosmologie und die antiken Wissenschaften gemeistert wird.

Wenn wir von Mythos und Seele sprechen, müssen wir jedoch von *Bildern* sprechen, und vielleicht drückt nichts diesen Mutationssprung von der Magie zum Mythos besser aus als das mehrdimensionale Bild des ‚Prinzen der Lilien', ein antikes Wandfresko aus Knossos auf Kreta. Wie Gebser detailliert ausführt, bringt dieses Bild:

> *„das Heraustreten aus der Naturverflochtenheit zweifach zum Ausdruck: einmal indem es, da es ein Relief ist, den irdischen*

129. Gebser, UUG, 129.

130. Thompson, *Beyond Religion*, 14.

131. Gebser, UUG, 140.

Menschen (und nicht eine Gottheit) zur Hälfte aus dem ihn beherbergenden Grunde löst und seinen Körper teilweise aus ihm befreit; dann indem es zur andern Hälfte den Oberkörper vor den ‚Himmel' stellt – und: ‚der Himmel ist zugleich mit der Seele'; und er ist auch zugleich mit der Zeit".[132]

Der Prinz ist nicht mehr in den vegetativen Nexus der Natur eingebettet oder wird dort definiert, sondern ist nun mit seiner eigenen Seele und den Sternen verwandt, die mit ihm korrespondieren. Er ist von blühenden Lilien umgeben, aber „die Lilien", schreibt Gebser, „sind eine schon erhellte Natur, bereits nicht mehr eingeflochten, sondern nur noch von ihr umgeben. Den selbst noch fast blumenhaften und naturhaft anmutigen Körper krönt ein über die Erde hinsehendes Haupt".[133] Das Haupt des Prinzen ist mit Federn geschmückt, nicht mit Blumen oder Ranken, und Vögel sind ein Symbol für die Seele. Und so haben wir hier ein komplexes Bild der Seele, die ins Bewusstsein tritt und ihren himmlischen Platz einnimmt.

Wir entfernen uns von der magischen Darstellung des mundlosen Gesichts, die uns auf die Unterschwelligkeit des Magischen zurückverweist. Der Mund muss nun sprechen, aber schon das Wort Mythos drückt die Polarität dieser Struktur aus. Das Wort *Mythos* ist etymologisch mit *Mund* und ‚Rede, Wort' oder ‚Bericht' verbunden. Das entsprechende Wort ‚mu' bedeutet ‚ertönen'. Ein weiteres Verb mit derselben Wurzel, *myein*, bedeutet ‚den Mund', die Augen und die Wunden schließen, und das lateinische *mutus* bedeutet ‚schweigen'.[134] Wir erkennen hier also die mythische Polarität von Sprache und Schwei-

132. Ebd., 142.
133. Ebd. 142
134. Ebd., 143.

gen; das Aussprechen des Mythos und die Betrachtung der Mysterien in fruchtbarer Stille. *Das Sichtbare und das Unsichtbare.*

Diese Dualität ist die Zweidimensionalität der mythischen Struktur (d.h.: unperspektivisch), eine tageszyklische Welt, bestehend aus Nacht und Tag, Wachen und Träumen, Hades und Olymp, Yin und Yang, oder dem indigenen Konzept der Anden: Yanintin und Masintin.[135] Diese Pole bilden komplementäre, aber noch nicht widersprüchliche Gegensätze. Der Widerspruch wird später in der mentalen Struktur auftauchen, wo die Unvereinbarkeit der Gegensätze den zyklischen Kreislauf zugunsten eines Bewusstseins der Innovation und damit einer neuen Zeitform durchbrechen wird.

Die Seele erscheint als *Persona* (was wörtlich ‚Maske' bedeutet), das Andere, dem wir in der dramaturgischen Bewegung der Sterne begegnen. Durch die Persona, durch die Maske, kann jedes künftige Ich-Bewusstsein überhaupt erst entstehen (‚personare' bedeutet ‚durchklingen'). Vor dem individualisierten Erscheinen des modernen Ichs offenbart sich das ‚Ich' wie durch einen dunklen Spiegel (man denke an Narziss, der in seinen Teich starrt). Hier liegt das archetypische Drama der Seele, der Psyche: nicht als singuläres ‚Ich', sondern als Pluralität von konstellierten Archetypen und zyklischen Verläufen (man denke wieder an den mit kosmologischer Bedeutung aufgeladenen Sternenhimmel, zu dem das Individuum den komplementären Pol bildet, einen Spiegel des Mikrokosmos und des Makrokosmos). Die nach innen gerichtete mythische Struktur ist eine Bewusstwerdung der Person-als-Seele, und in den Mysterien, wie den Riten von Eleusis, bildet das Schweigen eine weitere Polarität als Komplementarität von Äußerung und Verdeckung, Verborgenem und Enthülltem, Uneingeweihten und

135. Siehe Hillary S. Webb, *Yanantin and Masintin in the Andean World: Complementary Dualism in Modern Peru* (Albuquerque: University of New Mexico Press, 2009).

den Eingeweihten. Die mythische Struktur wechselt zwischen Zeitlosigkeit und Zeit, ewiger Wiederkehr und rhythmischer Periodizität, weltlicher und heiliger Zeit.[136] In dieses Zeitbewusstsein ist jedoch die Ankunft der geistigen Welt eingebettet.

„Fast jeder Mythos enthält das Bewußtwerdungs-Element" [137] Thompson erinnert uns daran, wie der Mythos, wenn er nicht wörtlich genommen wird, dazu beiträgt, die unsichtbaren Prozesse der kulturellen Evolution sichtbar zu machen. Wir können sehen, dass viele Mythen der alten Welt beginnen, diesen Übergang von der mythischen Struktur zur mentalen Struktur durch das Motiv der Seereise auszudrücken, das die prekäre Beziehung der Menschheit zu den tiefen Gewässern der Psyche widerspiegelt.

Das Meer wird oft als Bild für die Seele verwendet, auf die sich die kühnen Helden (in diesen Mythen fast ausschließlich *Männer*) begeben, um gegen Götter und Ungeheuer zu kämpfen – *die Odyssee* ist ein solcher Mythos. Diese Männer begeben sich auf ein Abenteuer der Selbstfindung, indem sie sich mit kosmischen Kräften und gefährlichen Mächten der Seele messen. Es ist Odysseus selbst, der die prototypische Ankündigung des Ichs ausspricht: „*Eim Odysseus*" („bin Odysseus"), obwohl Gebser erwähnt, dass das Fehlen des ‚Ich' in dieser Aussage eben das aufkeimende mentale Ich kennzeichnet.[138] Auch Narziss schaut in seinem Mythos ins Wasser – seine Seele – und wird sich dabei seiner Existenz selbst bewusst.[139]

Dies führt uns zu einem weiteren prototypischen Element der aufkeimenden psychischen Struktur: dem *Zorn*. „Zorn ist jene

136. Gebser, UUG,144.
137. Ebd., 150.
138. Ebd., 151.
139. Ebd., 70.

Kraft, die das Gemeinschafts- und Clangefühl sprengt, insofern sie sich im Einzelnen, dem ‚Helden', manifestiert und ihn immer weiter in die Einzelung, in die Selbstbehauptung und damit die Ichwerdung treibt."[140], schreibt Gebser. Das Wort mental selbst bezieht sich auf das griechische menis, das wörtlich ‚Zorn', ‚Mut' bedeutet, und das lateinische *mens*, das ‚Absicht, Zorn, Mut, Gedanke, Verstand' usw. bezeichnet.[141] Lord Krishna befiehlt Arjuna, hinauszugehen und seine Pflicht auf dem Schlachtfeld zu erfüllen. Die *Ilias* beginnt mit der Zeile „Zorn singe, Göttin. Den des Peleiaden Achilleus".[142] Auch der biblische Gott des Alten Testaments bringt diese Eigenschaft als göttlichen Zorn zum Ausdruck. Wir können noch weiter zurückgehen, wie es Thompson tut, und dasselbe Ich-Bewusstsein im zornigen Heldentum von Gilgamesch und Enkidu erkennen, die, ihre eigene Sterblichkeit erkennend und fürchtend, ausziehen, um die alten Naturgötter der magischen Struktur zu bekämpfen und einem Weisen die Geheimnisse des ewigen Lebens zu entreißen. Wie es sich für eine gute mythisch-mentale Erzählung gehört, geht es jedoch nicht um einen endgültigen Triumph, sondern um eine Tragödie und die existenzielle Betrachtung der Sterblichkeit: Der König kann nur Entfremdung und Tod erreichen.[143] Enkidu stirbt an einer verfluchten Krankheit und Gilgamesch kehrt besiegt in sein Reich zurück.

Dieser Existentialismus bringt eine weitere Dualität des Mythos zum Ausdruck: Das Ich ist sowohl erfreut über seine Selbstwerdung als auch gequält von dem Bewusstsein seiner tragischen Unbeständigkeit (und letztlich Ohnmacht). Die

---

140. Ebd, 153
141. Ebd., 158.
142. Ebd. 153
143. William Irwin Thompson, *Coming Into Being: Artifacts and Texts in the Evolution of Consciousness* (New York: St. Martin's Griffin, 1998), 155.

Göttin Athene bricht – voll gepanzert! – aus dem Haupt des Zeus hervor. „Immer reißt jeder ‚neue' Gedanke Wunden auf", schreibt Gebser.[144] Athene ist eulenäugig, sie sieht durch die Nacht, als wäre es Tag, und ihre Stadt, Athen, wird zum Schauplatz des neuen *Logos*: die Akademie der Philosophen.

Die mentale Struktur

Die mentale Struktur kündigt das Kommen des Ichs an, und wie wir im vorangegangenen Kapitel (Kap. 4, „Drei Welten") hoffentlich ausführlich dargelegt haben, *ist* die perspektivische Welt die mentale Welt des verräumlichten Bewusstseins. Das Mentale bricht aus der rhythmischen Zeit aus und führt uns in die lineare Zeit, in die Progression und in die Vorstellung von der historischen Zeit selbst. Hier denken wir auch an einen uhrähnlichen Kosmos der rationalen Ordnung (die Dialektik) und an das Drehen mechanischer Zahnräder (Motorik), um die Verräumlichung der Zeit zu bezeichnen. Wenn die magische Struktur der Punkt und die mythische Struktur der Kreis der Polarität ist, dann ist die mentale Struktur das *Dreieck*. Erinnern wir uns an den triadischen Kegel des perspektivischen Raums – die Betrachtungsweise –, der seinerseits aus drei Punkten besteht: zwei ausgehend vom Beobachter, der in den einen – den Fluchtpunkt des Ereignishorizonts – übergeht. Das mentale Dreieck ist ein folgenschwerer Bruch der mythischen Membran. Gebser illustriert:

> *Dieser Vorgang ist ein außerordentliches Geschehen, das buchstäblich die Welt erschütterte. Mit diesem Ereignis wird der bewahrende Kreis der Seele, die Eingeordnetheit des Menschen*

144. Gebser, UUG, 156.

in die seelische, natur- und kosmisch-zeithafte polare Welt des Umschlossenseins gesprengt: der Ring zerreißt, der Mensch tritt aus der Fläche hinaus in den Raum; ihn wird er mit seinem Denken zu bewältigen versuchen. Etwas bisher Unerhörtes ist geschehen, etwas, das die Welt grundlegend verändert.[145]

In der mythischen Struktur gibt es das, was Gebser als *ozeanisches Denken* bezeichnet, das um den numinosen Gehalt der Welt kreist. Zum Beispiel schreibt Heraklit in diesem Fragment: „Für die Seelen ist es Tod, Wasser zu werden, für Wasser aber ist es der Tod Erde zu werden. Aus der Erde aber wird Wasser, und aus Wasser Seele".[146] Das Umkreisen von etwas, in diesem Fall des Todes, veranschaulicht, „daß die mythische Welt des Kreises einen Inhalt hat", aber im entstehenden Mentalen, das den Kreis mit dem gerichteten Denken durchbricht, „ging der Mensch, soweit er mental ist, des Inhaltes verlustig: denn der Raum ist inhaltlos."[147] Diese neue inhaltslose Raumebene ist zunächst noch von schöpferischem Überschwang und Inbrunst erfüllt. Das mentale Subjekt ist nun ein Individuum, und so kommt es zu einem Rausch kreativer Mutationen in der perspektivischen Kunst und der neuen verräumlichenden, quantifizierenden Wissenschaft (man denke an die Ausbreitung des Empirismus, der Kartographie und neuer mathematischer Innovationen zwischen dem 13. und 15. Jahrhundert), aber wenn sie in ihren defizitären Modus, die Ratio, eintritt, wird die räumliche Ebene zunehmend inhaltslos und untergräbt die qualitativen Dimensionen des Kosmos zugunsten einer rein messbaren und leeren Materie (die weibliche ‚Mutter' wird gegen die ent-seelte und umgestaltete mentale ‚Materie' ausge-

145. Ebd. 158
146. Ebd. 343,
147. Ebd. 344.

tauscht). Die subjektiven und inneren Bereiche – das Bewusstsein selbst – werden schließlich als bloße Epiphänomene eines Materialismus gemessen, der selbst den ‚Menschen', der einst das Maß aller Dinge war, endgültig vernichtet hat. Die Ratio macht in letzter Hinsicht den Schnitt mit sich selbst.

Lange vor dem defizitären Mentalen[148] war jedoch die Entstehung der effizienten mentalen Struktur eine neuartige Mutation, die sich in Beispielen wie Platons *Diaresis*, einer Form des ‚begrifflichen Haarspaltens' oder des ‚Zerlegens' des Denkens, ausdrückt. „Nicht mehr die polare Konstellation hat Gültigkeit, sondern die Teile, die zu Gegensätzen gemacht werden".[149] Mit anderen Worten, das diskursive Denken ist geboren:

> „ … *wie es in der bildhaften und damit polaren mythischen Bildaussage der Fall war, wo das ‚Sowohl – Als auch' Geltung hatte, das Aristoteles durch seinen Hauptsatz des ‚tertium non datur (ein Drittes gibt es nicht)' für mehr als zweitausend Jahre annullierte und damit die Einsinnigkeit des ‚Entweder-Oder' postulierte.*[150]

Mythische Gegensätze sind in der entstehenden mentalen Struktur von Natur aus instabil geworden. Mehrdeutigkeit wird unmöglich – sie muss durch ein tertiäres Element aufgelöst werden (oder aber die Auflösung muss ein Entweder-Oder-sein). Im Gegensatz zum *ozeanischen Denken* im Mythischen finden wir das *pyramidale Denken* im Mentalen. Hier können wir

148. Ebd, 346. Mit dieser Aussage können wir die wichtige Unterscheidung zwischen dem effizienten und dem mangelhaften Mentalen treffen: „Das mentale Denken ist noch Ermessen, das rationale ist Anmaßung und führt in letzter Konsequenz auch zur zerstörenden Aufteilung der eigenen menschlichen Natur."

149. Ebd., 348.

150. Ebd., 349.

Hegels berühmte Dialektik von These, Antithese und Synthese als die prototypische Formulierung des mentalen Denkens beschreiben: Eine These fordert ihr Gegenteil, die Antithese, heraus und erzeugt durch die inhärente Spannung ihrer Opposition eine neue Synthese.[151] Die Maschinerie der Geschichte – oder die Geschichte der Ideen – dreht sich für Hegel und viele Denker der Moderne gemäß dieser triadischen Kreiselbewegung des Fortschritts.

Weitere Beispiele für triadisches Denken finden wir im Aufkommen des Monotheismus in der christlichen Trinität von Vater, Sohn und Heiligem Geist oder in der abrahamitischen Trias von Mensch, Prophet (als Mittler) und Gott oder auch in den neuplatonischen Vorstellungen von einem vermittelnden Reich, der Weltseele, zwischen dem Reich der Materie und dem Einen (auch der Zoroastrismus und später das Christentum entwickeln eine *gegensätzliche* Kosmologie zwischen einem Himmel und einer Hölle, die letztlich besiegt werden muss). Die Gerichtetheit der entstehenden geistigen Struktur ist für die abrahamitischen Traditionen eine eschatologische oder zukunftsorientierte Form der Zeit; eine Bewegung *von links nach rechts.* Der Satz ‚Erkenne dich selbst', der über dem Tempel in Delphi eingraviert ist und von dem wachen Gott Apollo beschützt wird, ist von links nach rechts geschrieben,[152] und nimmt damit die Konzeptualisierung von ‚im Uhrzeigersinn' und ‚gegen den Uhrzeigersinn' vorweg. Schon das Wort *‚richten'* verrät seine Voreingenommenheit. „Seit alters her ist die linke Seite die Seite des Unbewußten, des Ungekannten; die rechte Seite dagegen die Seite der Bewußtheit, der Wachheit".[153] Aus-

151. Sogar die Sprache der ‚Objektivität' impliziert diese oppositionelle Qualität: ein Objekt ist ein Substantiv, ein Gegenstand, der im Raum gemessen wird, aber es ist auch ein Verb, die Handlung, etwas zu objektivieren.

152. Gebser, UUG, 163.

153. Ebd.163

richten, Richten und Recht (*Rechtsprechung*) erfordern einen wachen Geist – er „bringt die Dinge in Ordnung" – und so ist es nicht verwunderlich, dass die mentale Struktur das Zeitalter des väterlichen Gerichts in Form des Monotheismus und der genealogischen Linie männlicher Propheten und Könige, Gesetze und Land einleitet. „Mit Moses und mit Lykurg tritt das Patriarchat in Erscheinung"[154], aber wir sollten uns auch an McLuhans alphabetische Kultur in Griechenland erinnern, die gesprochene Sprache von verschriftlicher Sprache unterscheidet. Erst durch die Schrift wurden weitere Sprünge in die für die mentale Struktur charakteristische Abstraktion möglich. Wir gelangen vom *Bild* zum *Wort*, vom Mythos zum Logos; es ist die Klärung des Denkens, also die wache Begriffsbildung, die das psychische und imagistische Bewusstsein der traumhaften mythischen Struktur verdrängt.[155] Pythagoras schrieb seinen Anhängern vor, das Tempelheiligtum von rechts zu betreten, und ging sogar so weit, ihnen vorzuschlagen, zuerst den rechten Schuh auszuziehen.[156] Platon hatte angeblich über seine Tür geschrieben: „Kein der Geometrie Unkundiger trete unter mein Dach", d.h. niemand, der nicht messen kann.[157] Dies ist der Übergang von der unperspektivischen Welt-als-Höhle, der träumenden Welt, zur wachen solaren Welt.

Wenn Odysseus seine berühmten Worte ausspricht – „bin Odysseus" –, dann tut er dies erst, nachdem er angeschwemmt wurde und ‚am rettenden Ufer' sich selbst gegenüber erwacht ist, als sei er aus dem mythischen Meer ‚ausgespuckt' worden.[158] Einige Jahrhunderte später drückt die wundersame

154. Ebd. 164

155. Eine interessante Studie über diesen Übergang vom Bild zum Wort findet sich in Leonard Shlains *The Alphabet Versus the Goddess* (New York: Penguin/Compass, 1998).

156. Ebd., 169.

157. Ebd., 170.

Geschichte des Neuen Testaments, in der Jesus auf dem Wasser geht, dynamisch ein neues mentales Bewusstsein aus, das nicht mehr vom Wiedereintauchen in die imaginären und wässrigen Tiefen der Seele bedroht ist.

Das Organ der mentalen Struktur ist das *Auge* – das, was misst und wahrnimmt. Sein charakteristisches Bewusstsein ist nicht das siderische Reich des Traums oder des Unbewussten (Psyche), auch nicht die leere Person, die von der Stimme der Musen durchklungen wird, sondern die gestützte und isolierte Festung des modernen Ichs. Die frühere Realität der Durchlässigkeit und der magischen Sympathie mit der Geisterwelt oder die mythische ewige Wiederkehr mit der Seele und der Weltseele treten allmählich hinter uns zurück (hinter den sektoralen ‚Standpunkt'). Die Säkularität im Westen setzt sich durch, und die Realität des magischen Nexus und der mythischen Zeitlichkeit verflüchtigt sich wie ein Traum, der bald nach dem Aufwachen zum Wachbewusstsein wird. Aus den Gewässern des Mythos aufsteigend und an der neu entdeckten Küste des perspektivischen Raums kommt das neue mentale Subjekt vom träumenden Mythos in die wache Geschichte. Das Individuum ist in den Vordergrund getreten, und ist dasjenige, das seine Rechte hat und sich aufmacht, den Raum zu erobern. Die Religion verlässt *religere* (die Geheimnisse zu beobachten) und wird notwendigerweise zu *religare* (an die schwindende Potenz und Macht der früheren Strukturen *anknüpfen*).

Für Parminedes ist „Denken und Sein ein und dasselbe", oder Thomas Hobbes, „Denken ist Berechnung in Worten", oder Rene Descartes, „Ich denke, also bin ich", oder sogar die Antwort seines Zeitgenossen, des Mathematikers Pierre Gassendi: „Ich gehe umher, also bin ich". Solche Aussagen repräsentieren für Gebser die aktive Ausrichtung des Mentalen: das Ich, das

---

158. Ebd.,178.

sein „Bewußtsein vornehmlich im Handelnden hat".[159] Mentale Aktivität ist räumliche Aktivität, ob wir nun gehen (wie zum Beispiel in Thoreaus klassischer Abhandlung *Walking* von 1851), sprechen oder uns durch die räumliche Realität denken. Wie viele Philosophen und Denker müssen sich auf ihre langen Aufenthalte in Parks oder kosmopolitische Räume begeben, um zu ihren Erkenntnissen zu gelangen (auch dieser Autor)! Gebser demonstriert die schiere Räumlichkeit des Denkens, auch wenn es seine charakteristische Abstraktheit behält:

> *„Das Primäre dabei ist, dass das perspektivische Denken zuerst räumlicht und sich dann des Geräumlichten bedient; alle Denkfolgerungen dieser Art drückt ja die Sprache durch Raumbegriffe aus. Nicht nur spricht sie von dem bereits erwähnten Transzendieren, dem Überschreiten, sondern dieses Denken stellt vor, beweist, erfaßt, begreift, faßt auf, überlegt, unterstellt, setzt auseinander."*[160]

In seiner brillantesten und effizientesten Ausprägung ist das Mentale, das was der zeitgenössische Philosoph Adam Robbert – der das Konzept von Pierre Hadots *Philosophy as a Way of Life: Spiritual Exercises from Socrates to Foucault* weiterentwickelt – rechtens als eine Form der Askese (geistige Übung) bezeichnet: „Wir nennen diese Praxis eine Askese des ‚Ichs' – des Selbst, das eine Beziehung zu sich selbst entwickelt".[161] Hier ist der effiziente Aufruf des Mentalen, *sich selbst zu erkennen.* Das Mentale entsteht, wie alle Mutationen, als geistiger und schöpferischer Sprung, der durch den Ursprung selbst begründet ist.

159. Ebd., 188.

160. Ebd., 351

161. Siehe Adam Robbert's blog, www.knowledge-ecology. com, und The Side View project.

Sich selbst zu erkennen ist also nicht nur gleichbedeutend mit einem geistigen und räumlichen Wissen, sondern auch mit der Durchsichtigkeit dieses räumlichen Wissens und der Individuation auf seine geistige und durchscheinende Heimat hin. Diese spirituelle Qualität findet ihren Widerhall in der Kunst und im Humanismus der Renaissance, wie wir es in diesem Band bereits kurz gestreift haben, aber es lohnt sich, Giovanni Pico della Mirandolas *Rede über die Würde des Menschen* heranzuziehen. In diesem fiktiven biblischen Gespräch spricht Gott zu Adam:

> *Du sollst dir deine Natur ohne jede Einschränkung und Enge, nach deinem Ermessen, dem ich dich anvertraut habe, selber bestimmen. Ich habe dich in die Mitte der Welt gestellt, damit du dich von dort aus bequemer umsehen kannst, was es auf der Welt gibt. Weder haben wir dich himmlisch noch irdisch, weder sterblich noch unsterblich geschaffen, damit du wie dein eigener, in Ehre frei entscheidender, schöpferischer Bildhauer dich selbst zu der Gestalt ausformst, die du bevorzugst. Aber, der du an keine Grenzen gebunden bist, kannst dein Wesen nach deinem freien Willen selbst bestimmen ... Wir haben dich weder aus dem Himmel noch aus der Erde gemacht, weder sterblich noch unsterblich, damit du dich als freier und außergewöhnlicher Gestalter deiner selbst in die Form bringst, die dir gefällt.*[162]

Dieser Begriff der Selbstgestaltung in Picos humanistischem Text wird zum geistigen Aufruf der westlichen Philosophie, Kunst und Kultur und findet Jahrhunderte nach der Renaissance in der individualisierenden Qualität des literarischen Romans seinen Widerhall. Das Mentale bietet uns die Mög-

162. Giovanni Pico della Mirandola, *Oration on the Dignity of Man*, ed. and trans. Francesco Borghesi, Michael Papio, and Massimo Riva (Cambridge: Cambridge UP, 2012), 117.

lichkeit, uns selbst zu gestalten, und wie Gebser betont, ist dies eine ungeheure Verantwortung, der das hypertrophierte Ego nicht gewachsen ist. Aber das Versprechen des Mentalen (wenn man sagen kann, dass es eines gibt) besteht darin, dass es in der Tat auf eine zukünftig realisierte ko-kreative Fähigkeit hinweist: Mitgestalter unseres Kosmos zu werden. Diese partizipatorische Wende ist das, was Richard Tarnas in *The Passion of the Western Mind* als unsere ultimative Aufgabe für morgen ansieht[163] und was Sri Aurobindo als Teil des ontologischen Sogs unserer supramentalen und vergöttlichten Zukunft verstand. „Im Schöpferischen ist der Ursprung Gegenwart", schreibt Gebser, „und es ist etwas, das uns geschieht, das sich in und an uns vollzieht".[164] Die effiziente mentale Struktur ist vielleicht ein Vorbote für die integrale menschliche Mutation von morgen; eine menschliche Spezies, die tatsächlich nicht das sich selbst dienende Ego eines verengten Materialismus geworden ist, sondern ein diaphanes spirituelles Wesen in einer partizipatorischen Beziehung zum kreativen und mutierenden Prozess des Ursprungs. Da alle Strukturen in uns vorhanden sind, können wir uns individuell entscheiden, uns auf eine solche Zukunft auszurichten, wie Gebser in seinem gesamten Werk sanft und wiederholt aufweist, dass dies nicht nur eine mentale *Handlung* ist, sondern ein integrales *Zulassen*, und wie Aurobindo auch durch die individuelle Praxis des integralen Yoga aufzeigt.

---

163. Siehe Richard Tarnas, *The Passion of the Western Mind* (New York: Random House, 1991).

164. Ebd., 481

Die Krise des Mentalen, oder auch: das Vorspiel zur Integralen Struktur

„Mutationszeiten sind stets auch Zeiten der Störung, ja der Zerstörung".

– Jean Gebser[165]

Wenn wir dieses Kapitel abschließen, können wir hoffentlich die wundersame Wirksamkeit jeder der Mutationen würdigen, so wie sie sich in ihrer Dimensionalität entfaltet haben: der tiefe, traumlose und latente Schlaf des Archaischen, die träumende Zeitlosigkeit des magischen Nexus, die imaginäre Kraft und sternenklare Rhythmik der Seele des Mythischen und die wache, räumliche Ausgelassenheit und glorreiche Selbstentdeckung des Mentalen. Jede Struktur manifestiert einen einzigartigen Ausdruck von Zeit und Raum (auch wenn das bedeutet, dass sie zeit- oder raumlos ist), von Selbst und Selbstbewusstsein. Jede Struktur drückt ihre eigene Welt, ihre eigene ontologische Realität aus, die wir nun hoffentlich wertschätzen können, ohne den wachen, mentalen Anspruch auf ausschließliche Objektivität zu erheben. Wenn das Mentale das Unmessbare nicht ‚messen' kann, ist es nicht real, aber wir wissen, dass diese Haltung der eines Amnesiekranken entspricht, der von der Gegenwart seiner lebendigen Vergangenheit abgeschnitten ist.

Die archaischen, magischen und mythischen Welten leben in uns weiter, wenn auch nur als latente Präsenz und, wie wir eingangs erwähnten, manchmal als *Gespenster*. Wie wir im folgenden Kapitel sehen werden – und wie wir in der anfänglichen Beschreibung der perspektivischen Welt erwähnt haben –, wird das Mentale in seiner späteren entzauberten und defizitären

165. UUG., 459

rationalen Phase zunehmend durch die Dimension der Zeit selbst aufgelöst.

Das Auge der räumlichen Welt wird schließlich zu eng und das Ich zu starr für die „offene Weite der offenen Welt".[166] Die Objekte der aperspektivischen Welt sind nicht mehr undurchsichtig, sie öffnen sich zu einer neuen Transparenz: „Was jetzt an Bedeutung gewinnt, ist das geistige Licht, das zwischen den Gegenständen herrscht, die Spannung und das Verhältnis zwischen ihnen", schreibt Gebser in *Rilke und Spanien* über die neuen aperspektivischen Ausdrucksformen in der Dichtung.[167]

Der Raum wird transparent, und die Zeit wird nicht zu einer *quantitativ* gemessenen Uhrzeit, sondern zu einer sich ständig steigernden *qualitativen* Intensität. Die Gegenwart der Vergangenheit zeichnet sich deutlich ab, die Zukunft scheint ihre eigene Anziehungskraft zu haben, und die statische Raumwelt beginnt sich zu bewegen.

Nach dem Zenit der Beherrschung des Raums durch die mentale Struktur wird die Zeit zur zentralen Frage und Sorge. Doch die Zeit, die von der beginnenden integralen Struktur nicht beherrscht oder nicht realisiert wird, droht die mentale Welt zu zerstören, so wie Kopernikus den Geozentrismus der nichtperspektivischen Welt erschütterte:

> *Es handelt sich um ein Hereinbrechen der vierten Dimension in die dreidimensionale Welt, das zuerst, im ersten Ansturm, ein Zerbrechen dieser dreidimensionalen Welt bewirkt. Die nicht gemeisterte Zeit droht zuerst einmal den Raum und sein Gefüge zu zerbrechen.*[168]

---

166. Feuerstein, *Structures of Consciousness*, 170. Feuersteins übersetzter Auszug aus Jean Gebsers Decline and Participation.
167. Feuerstein, *Structures of Consciousness*, 128. Feuersteins Übersetzung.
168. Gebser, UUG, 448.

Die Zeit beginnt überall auszubrechen und löst eine Krise aus. Mit dem Aufkommen der Evolutionstheorie werden die Gesteine selbst zeitlich transparent und offenbaren uns die Überreste des vorzeitlichen Lebens. *Wir* werden gegenüber unseren hominiden Vorfahren transparent (zum großen Entsetzen des Staates Tennessee), und in der Krise des Klimawandels wird die Zukunft für uns transparent (leider ist unser kollektives Handeln auch für unsere Nachkommen allzu gegenwärtig geworden). Alfred Wegeners Theorie der Kontinentalverschiebung zeigt, dass die Geografie einer statischen, räumlichen Welt in ständigem Wandel begriffen ist. Die Astronomie offenbart eine nahezu unergründliche Weite (und Leere) des Raums und eine tiefe kosmische Zeit, während die Physik den fließenden Äther zerstört und den Raum selbst durch Einsteins Relativitätstheorie in Zeit verwandelt.

Eine vollständige Definition der Zeit sparen wir uns für das nächste Kapitel auf, doch können wir jetzt schon sagen, dass die Zeit zu einer Kraft wird, die uns bedrängt; eine neue Realität, die sich Bahn bricht, auf die die mentale Kraft der Messung jedoch keine ausreichende Antwort ist. Die Zeit bricht als eine *unkontrollierbare* Kraft in den unaufhaltsamen Marsch der technologischen Umwälzungen und sozialen Revolutionen ein. Sie manifestiert sich auch als kollektive Angst und unaufhaltsame Eigendynamik: von der Atombombe bis zum Anthropozän.

Im nächsten Kapitel werden wir erforschen, was Zeit aus der integralen Mutation her *ist*, denn was wir auf dem Weg in die Zukunft zunehmend brauchen, ist ein Bewusstsein von Zeit: eine neue integrale Ontologie, die auf die vielfältigen Krisen reagieren kann, mit der unsere Welt derzeit konfrontiert ist. Nur ein integrales Bewusstsein hat die Fähigkeit, die Zeit zu konkretisieren und so das, was eine unkontrollierbare Kraft zu sein scheint – die vom Mentalen nicht beherrschte Zeit – in die bewusste Erkenntnis eines zeitfreien Ursprungs zu übersetzen.

Die integrale Kultur der Zukunft ist eine, die den Kräften, die die mentale Welt freigesetzt, aber unvollendet gelassen hat, nicht mehr ohnmächtig gegenübersteht. Wie Gebser sagt, kann das Mentale „nur der Auslöser einer weltumgestaltenden Bewußtseinsstruktur sein".[169] Die Kräfte, die die mentale Welt freisetzt, sind dieselben Kräfte, die das integrale Bewusstsein verwirklicht. Die Spätphase der mentalen Struktur ist uns nur allzu vertraut. Nach der Renaissance und der Entfesselung des Raumes sehen wir die zunehmende Erstarrung und Homogenisierung komplexer Kulturen zu statischen Nationalitäten. „Das nationalistische Denken ist ein Prototyp des dreidimensionalen Denkens. Der Mensch als Kind einer Nation faßt nämlich Art und Wesen der eigenen Nation als ideale Konstante auf: das aber ist ein statisches Konzept und damit eine dreidimensionale, perspektivistische, fixierte Vorstellung".[170] Die homogenisierenden Kräfte des McLuhan´schen Zeitalters des Buchdrucks trugen dazu bei, diesen Trend zu verstärken, und mit Kolonialismus und Imperium sehen wir, wie die Herrlichkeit des Mentalen durch den Massengenozid an den indigenen Völkern der Welt beschmutzt wird (ganz zu schweigen von den ‚Folgen' der fossilen Brennstoffe und der ökologischen Krise, mit denen wir derzeit konfrontiert sind). Der scheinbar unaufhaltsame Ausbruch gewaltsamer Revolutionen, Weltkriege und Massenbewegungen im zwanzigsten Jahrhundert war für Gebser, der bei dem Versuch, über die Grenze von Francos Spanien zu fliehen, fast getötet wurde, eine persönliche Erfahrung. Er änderte 1931 seinen Namen vom deutschen ‚Hans' in den französischen ‚Jean' und ließ sich schließlich für den Rest seines Lebens in der Schweiz nieder.[171]

169. Ebd., 444.
170. Ebd., 454.
171. Feuerstein, *Structures of Consciousness*, 25.

Wie bereits angedeutet, ist das hypertrophierte Ego des späten mentalen Bewusstseins ironischerweise anfällig dafür, von einer Regression zur defizitären magischen Struktur und ihrem negativen Masseneinfluss überwältigt zu werden:

> *Die Tragik des defizient Mentalen wird schon hier offenbar [...] die Ratio wird, metabolistisch in eine überspitze Rationalisierung umschlagend, ohne es selber zu bemerken oder auch nur zu ahnen, zum minderen Spielball der Psyche. [...] Dieser negative Bezug zur Psyche, der die Stelle des echten, des mentalen Bezugs ursupiert, er zerstört, was der echte vollzog: die Einsehbarkeit der Psyche.*[172]

In unserer Zeit zeigt sich dasselbe Problem in den perspektivischen und sektoralen Fragmenten von Online-Gemeinschaften auf Facebook und anderswo: Sie alle fallen äußeren (politischen, wirtschaftlichen oder anderen) Einflüssen zum Opfer. Die hyper-mediatisierten Egos von heute isolieren sich innerhalb ihrer eigenen sektoralen Realität und nutzen das perspektivische Werkzeug des ‚Tunnelblicks', um ‚Fakten' umzukehren und ihre eigene ‚Post-Wahrheit'-Welt zu bewohnen. Die Flut des mentalen Wissens hat scheinbar ihr eigenes Gegenteil geschaffen: Da das Internet eine ‚janusköpfige' Manifestation ist, die sowohl das Versprechen einer aperspektivischen Realität als auch die Unzulänglichkeiten der mentalen Ratio zum Ausdruck bringt, ist es keine Überraschung, dass es sowohl die Fehler von gestern als auch die Möglichkeiten von morgen zu verstärken scheint. James Bridles kürzlich erschienenes Buch *New Dark Age: Technology and the End of the Future* veranschaulicht das Scheitern des technologisch getriebenen mental-rationalen Bewusstseins bei der Verwirklichung seiner Techno-Utopie;

---

172. Gebser, UUG, 188.

wenn die schiere Datenmenge überhand nimmt, bleibt uns nur die Abspaltung von unendlich vielen sektoralen, perspektivischen Realitäten, was eher zu einem Zusammenbruch des Wissens als zu einem neuen, aufgeklärten Informationszeitalter führt.[173]

Wir scheinen vor einer Weggabelung zwischen der Planetisierung – der Teilhard'schen Vorstellung einer integralen Weltzivilisation – und einem neuen Dunklen Zeitalter zu stehen, etwa das, wie William Irwin Thompson feststellt, dazu neigt, in ‚chaotischen Bifurkationen' zwischen großen Bewusstseinssprüngen aufzutreten.[174] Dennoch muss sich die aperspektivische Welt durchsetzen, wenn wir eine Zukunft haben wollen. Das von Bridle beschriebene so genannte ‚Ende der Zukunft' ist in Wirklichkeit nur das Ende der mentalen Welt, und die ‚Post-Truth'-Welt drückt – als eine Manifestation der *via negativa* – das Ende der perspektivischen Solidität aus. Die integrale Welt von morgen ist eine, in der eine neue Festigkeit gefunden werden muss, etwas, das vielleicht mit der aperspektivischen Wissenschaft des Anthropologen Bruno Latour vergleichbar ist, in der statt Daten die gesamte Ökologie der menschlichen Kultur, die Wissenskonstruktion und die mehr als menschliche Welt ins Spiel kommen.[175]

Der Öko-Philosoph Tim Morton argumentiert in seinem kürzlich erschienenen Buch *Being Ecological* mit der gleichen, aperspektivischen Ausrichtung: dass perspektivische Fakten und ‚Informationshalden' nicht ausreichen. Wir müssen einen

---

173. Siehe James Bridle, *New Dark Age: Technology and the End of the Future* (Brooklyn: Verso, 2018).

174. Siehe Thompson, *Coming Into Being.*

175. Siehe '*Bruno Latour, the Post-Truth Philosopher, Mounts a Defense of Science*', New York Times: https://www.nytimes. com/2018/10/25/magazine/bruno-latour-post-truth-philosopher-science.html [letzter Zugriff am 1. Dezember 2018].

anderen Weg finden, um mit den Menschen in Beziehung zu treten, oder genauer gesagt: um ihnen zu zeigen, dass sie bereits ökologische Wesen sind, die in einer symbiotischen und (meine Wortwahl) aperspektivischen Realität leben.[176] Diese Betonung einer neuen Art der Selbst- und Weltwahrnehmung hat den Geschmack einer neuen Mutation und trägt das integrale Merkmal des Durchschauens.

Gebser war unserer eigenen Zeit unheimlich voraus. Angesichts des weltweiten Wiederauflebens des Faschismus, der ‚universellen Intoleranz' und des Zusammenbruchs der perspektivischen Solidität (und des Zusammenbruchs des perspektivischen Nationalstaates) klingen seine Worte für uns genauso unangenehm wahr wie für ihn, und sind es wert, ausführlich zitiert zu werden:

> *Diese Situation brachte mit den Jahrhunderten, in denen sie sich allmählich herausbildete, jenes Stigma unserer Zeitepoche mit sich, das außer den aufgezählten das verderblichste ist: die heute allgemein herrschende Intoleranz und der aus ihr resultierende Fanatismus. Der Ängstliche, der Fliehende und der Verlorene (sei er dies in bezug auf sein Ich oder in bezug auf die Welt, ist gleichgültig, denn es gilt gleich für beide Bezüge) ist in seiner vitalen Bedrohtheit immer intolerant und ‚sieht' nur einen sich in nebelhaften Weiten verlierenden ‚Fluchtpunkt' (jenen Fluchtpunkt der linearen Perspektive worüber einst ein Leonardo schrieb), den er fanatisch glaubt verteidigen zu müssen; denn anders ginge er seiner Welt verlustig.*[177]

176. Siehe Timothy Morton, *Being Ecological* (Cambridge, MA: MIT Press, 2018). Dieses Buch ist eine hervorragende Einführung in die Frage, wie aperspektivisches Denken im einundzwanzigsten Jahrhundert, dem Jahrhundert des Klimawandels, aussieht.

177. Gebser, UUG, 96

Vielleicht können wir nur dann, wenn die Welt am dunkelsten ist, neue Wege suchen – neue ‚Fluchtlinien', wie Deleuze es ausdrückt –, um sie endlich selbst auszuprobieren. So hoffe ich, dass die integrale Mutation beginnen kann, ein geistiges Licht auf die verengte, perspektivische Welt zu werfen, die jetzt mit Sicherheit zu einer Art von Abschluss kommt. Das Morgen, von dem wir gleich sprechen werden, ist bereits gegenwärtig, und wir können seine charakteristischen Eigenschaften überall in der Kultur auftauchen sehen.

Wir haben den Zusammenbruch der mentalen Welt aufgezeigt, aber was ist mit der neuen Realität?

Von allen Seiten sehen

Es ist nun hoffentlich klarer geworden, warum die mentale Bewertung von Abstufungen, Stufen, Ebenen und anderen Formen des verräumlichten Denkens (wie der pyramidalen Dialektik) kein ausreichender Ausdruck von Ganzheitlichkeit ist. Die Mutationen, die diskontinuierliche Sprünge sind, demonstrieren sowohl eine prozessuale Entfaltung – eine Bewusstwerdung – *als auch* eine nichtlineare Ko-Präsenz und Interdependenz; das geistige Licht, das zwischen den Objekten herrscht, herrscht auch zwischen den Strukturen.[178]

Zum Beispiel: Ist die imagistische Psyche der mythischen Struktur entwicklungsmäßig und kategorisch minderwertig oder ‚kleiner' als das wache, diskursive Ich der mentalen Struktur? Letzteres mag sich aus ersterem entwickeln, aber ihre

---

178. Siehe Thompson, *Coming Into Being*, 14. Thompson drückte es sehr schön aus, als er schrieb: „Gebsers fünf strukturelle Mutationen des Bewusstseins sollten nicht als statische Stufen oder Ebenen in einer linearen Progression gelesen werden; sie sind prozessuale Transformationen."

Beziehung ist eher mit der Morphologie eines Organismus vergleichbar: wie sich das Blütenblatt zu seinem Stamm oder die Zweige sich zu den Wurzeln verhalten. Oder auch die qualitative ‚Morphologie' der Bewusstseinszustände selbst: Zwischen Wachen, Träumen und traumlosem Tiefschlaf stellen diese Zustände die dynamische Ganzheit eines jeden Menschen dar.

Wir sind, was sichtbar und unsichtbar, was im Wachzustand sich befindet und was im Verborgenen bleibt.

Diese neue Art des nichtlinearen Denkens stellt uns vor eine große Herausforderung: Wie können wir Emergenz ausdrücken, *ohne* an einem Entwicklungsdenken festzuhalten, was nicht bedeutet, dass wir die räumliche Betonung des Mentalen abwerten, sondern dass wir unsere eigene perspektivische Fixierung aufgeben? Ein Ansatz wäre, wie Gebser vorschlägt, sie lediglich ein wenig zu lockern und ein gewisses Maß an aperspektivischer Freiheit an den Tag zu legen; sich einfach unserer Tendenz zur Verräumlichung der Realität bewusst zu werden, während wir die Strukturen des Bewusstseins studieren, kann diesen Prozess der ‚mentalen Entgrenzung' unterstützen, in Ermangelung eines besseren Ausdrucks.

Die Entfaltung des Bewusstseins und seine zunehmende Dimensionalität bringen „eine Zunahme der Dinglichung (oder Materialisation) der Welt mit sich", doch handelt es sich dabei weniger um einen Gewinn oder Verlust als vielmehr um eine „Umlagerung merkwürdiger Art".[179] In diesen Wendungen wird deutlich, dass Gebsers Ansatz Diskontinuität und nichtlineare Emergenz betont, während er Linearität und eine entwicklungsorientierte Sichtweise relativiert (die Entfaltung der Dimensionalität wird zwar anerkannt, ohne hier eine größere Bedeutung zuzugestehen). Zumindest – in Gebsers Konzept der *Systase* – werden wir auf etwas mehr als eine perspektivische

179. Gebser, UUG, 196, 199.

Linearität hingewiesen: In dieser neuen Definition von Emergenz, einem ‚Sehen von allen Seiten', durchdringen Vergangenheit, Gegenwart und Zukunft dynamisch ein kohärentes Ganzes und seine vielfältigen Realisierungen.

Dieses ‚von allen Seiten sehen' nahm die ‚Nachkriegswende' in der westlichen intellektuellen Kultur vorweg (die von vielen französischen Intellektuellen als Dekonstruktion oder später als Poststrukturalismus dargestellt wurde). Im Jahr 1980 schrieben Deleuze und Guattari in *Tausend Plateaus* über das aperspektivische Konzept eines multiplen Rhizoms. Für Deleuze und Guattari ist das rhizomatische Denken so dynamisch wie die Pflanzenwurzel selbst: Das Rhizom erlaubt es, das Denken von jeder Seite (oder, wie wir heute sagen könnten: von allen Seiten) anzugehen, ohne Rücksicht auf hierarchische oder chronologische Abläufe. Die letztere Form des Denkens bezeichneten sie als *baumartiges Denken*, das charakteristisch linear und chronologisch (d.h., mental und perspektivisch) ist.[180] Dieser Gedanke hilft uns auch, die uns heute überall auftauchende Frage nach einer vernetzten Gesellschaft zu erkennen: in der ‚Multitude' von Hardt und Negri,[181] den distributiven ‚postkapitalistischen' Initiativen unserer Zeit wie Plattformgenossenschaften, den experimentellen digitalen ‚Kryptowährungen' oder in der Arbeit des Medientheoretikers Douglas Rushkoff, den ‚Quellcode' nicht nachhaltiger Wirtschaftssysteme zu benennen und neu zu schreiben.[182] Nicht zuletzt manifestiert sie sich in der Forderung nach einer ‚Ökologie des Geistes', wie sie der Anthropologe Gregory Bateson

---

180. Siehe Gilles Deleuze und Félix Guattari, *Tausend Plateaus: Kapitalismus und Schizophrenie.*
181. Siehe Michael Hardt, Antonio Negri, *Multitude: War and Democracy in the Age of Empire* (New York: Penguin, 2004).
182. Siehe Douglas Rushkoff, *Throwing Rocks at the Google Bus* (New York: Portfolio/ Penguin, 2017).

beschrieben hat und wie Nora Bateson sie als ‚Symmathesy' bezeichnet.[183]

Die aperspektivische Wende ist in vollem Gange, wobei es keine offensichtliche oder gar notwendige Trennung zwischen dem technologischen und dem ökologischen Bereich gibt (tatsächlich sind diese lichten neuen Technologien von ihren ökologischen Ressourcen abhängig und eng mit dem mineralogischen Bereich verbunden).

Die eigentliche Krise des Klimawandels hat mit der Frage nach der Zeit zu tun: der unvorhersehbaren Folgen, wenn man die Welt als abgetrennten Teilbereich sieht und nicht als ein Ganzes, in dem wir uns auf der Ebene der Biosphäre konstituieren.

Der Spätkapitalismus – die ultimative Ausweitung der Ratio – manifestiert die reduktive Quantifizierung aller Dinge auf das rein Messbare. Rushkoffs ‚Team Human' zu sein, wie er es beschreibt, bedeutet, ein integraler Mensch zu sein: für das Ganze und damit für die Zukunft zu sein.[184] Wie die verstorbene Ursula K. Le Guin gesagt hat: „Wir leben im Kapitalismus. Seine Macht scheint unausweichlich zu sein. So wie das göttliche Recht der Könige ... Widerstand und Veränderung beginnen oft in der Kunst."[185] Diese Äußerungen weisen auf eine Fähigkeit zur radikalen Veränderung in unserer Gegenwart hin: die Bereitschaft, jene originellen und kreativen Sprünge in die Freiheit zu wagen.

---

183. Siehe Nora Bateson, *Small Arcs of Larger Circles: Framing Through Other Patterns* (Axminster: Triarchy Press, 2016).

184. Siehe Douglas Rushkoffs Podcast-Serie, *Team Human*: https:// teamhuman.fm

185. Siehe Calla Wahlquist, *'Ein Leben in Zitaten: Ursula K. Le Guin,'* The Guardian: https://www.theguardian.com/books/2018/jan/24/ a-life-in-quotes-ursula-k-le-guin [letzter Zugriff am 30. November 2018].

Eine völlig neue Wirklichkeit tut sich uns auf, und so sollten wir mit der Erforschung der integralen Struktur beginnen.

Die integrale Mutation, oder Diaphanität

Der integrale Sprung impliziert eine Integration *aller* Strukturen, ein *Wahren*. Diese Integration ist nicht dasselbe wie die Fähigkeit der mentalen Struktur zur wachen Synthese, Generalisierung oder Kategorisierung. „Mit einer bloßen bewußtseinsmäßigen Erhellung dieser zum größten Teil bewußtseinsschwachen Zustände ist nichts getan", schreibt Gebser, „diese Zustände vom Bewusstsein her bloß aufzuhellen, hieße sie zerstören".[186] Dies sollten wir bedenken, wenn wir magische und mythische Wirklichkeiten betrachten. Wenn wir dem perspektivischen Wachsein gegenüber dem unperspektivischen Bewusstsein den Vorrang geben, kommt es wiederum zur Kolonisierung der sternenklaren Dämmerwelten (und die Torheit des Mentalen besteht darin, dass diese Dämmerwelten letztlich das wache Ich auf neuartige Weise in Beschlag nehmen); als ob man einen Felsen anhebt, um im Licht der Sonne in die Unterwelt zu blicken. Darüber hinaus würde die bloße Darstellung der Entfaltung der Strukturen mit der jetzt üblichen Mentalität des perspektivischen Bewusstseins – im Sinne von Errungenschaften und Fortschritt – bedeuten, sie in der räumlichen Realität zu fixieren (wo die Strukturen als Stufen umgestaltet und auf einer Entwicklungsleiter höher oder niedriger platziert werden).

Wenn das Archaische eine Null, das Magische ein Punkt, das Mythische ein Kreis und das Mentale ein Dreieck ist, dann wird das Integrale durch eine *Kugel* ausgedrückt. Das Merkmal der

186. Gebser, UUG, 191.

integralen Struktur ist nicht Dämmerungsdunkelheit, beseelte Helligkeit oder Tages-Wachheit, sondern eine *transparente* Klarheit, die in der Lage ist, durch alle Dimensionen und Zeitformen hindurch zu sehen (es sei angemerkt, dass ich das Wort ‚sehen' sehr locker verwende: ich meine weder unperspektivisches noch perspektivisches Sehen, sondern eine andere Art des geistigen Sehens). Der Raum ist nicht mehr wertfrei und undurchsichtig wie in der perspektivischen Welt, sondern erfüllt und transparent. Integralität ist also die voll zum Ausdruck gebrachte und angeborene *Ganzheit* aller Mutationen. Sie durchschaut die geistige Wirklichkeit, die alle Welten und alle Zeitformen begründet: die allgegenwärtige Wirklichkeit des *Ursprungs.*

Diese Fähigkeit, durch die Strukturen hindurch zu sehen, ist es, die es der Vergangenheit und der Zukunft erlaubt, gegenwärtig zu werden, und deshalb ist sie eine durchscheinende Gegenwart.[187] Die integrale Struktur befreit somit von unserem modernen Zwang zur charakteristischen geistigen Abstraktion (oder in der Tat von jeder Struktur in einem Zustand defizienter Übertreibung). Sie stellt wieder die leuchtende Klarheit der ursprünglichen Gegenwart her.

Integral zu sein, beginnt daher mit der Gegenwart.

Wir bewegen uns vom Träumen der unperspektivischen Strukturen zur Wachheit der perspektivischen, mentalen Struktur und nun zur *Klarheit* der aperspektivischen, integralen Welt. „Wohl aber Klarheit. Nur sie ist frei von Helligkeit, Zwielicht und Dunkel und deshalb fähig, das Ganze zu durchblicken, in welchem schlafhafte Zeitlosigkeit, traumhafte Zeithaftigkeit und mentale Begriffswelt diaphan werden"[188] Durch diese

---

187. Ebd., 194.

188. Ebd., 455

Diaphanität werden alle vergangenen Strukturen für uns wieder ko-präsent:

> *Das Diaphainon reiht sich also weder in eine Symbolik noch in eine Methodik ein; es ist weder psychisch noch mental, noch ist es magisch abstempelbar. Im Menschen und durch den Menschen hindurch mit sichtbar werdend, ist es der Ausweis einer neuen Mutation, durch welche die vorhergehenden raumzeitlichen Entfaltungen, wie sie sich in der zunehmenden Dimensionierung des Bewußtseins darstellen, integiert und ‚sinnvoll' werden.*[189]

Gebser nennt uns drei wichtige Merkmale der neuen Mutation, von denen ausgehend alle weiteren Diskussionen geführt werden. Diese sind:

1) ‚*Temporik*' worunter wir nunmehr alle jene Versuche zusammenfassen, die sich um eine Konkretion der ‚Zeit' bemühen"

2) Das ‚*Diaphainon*', das Durchscheinende und Durchschienene, das wir als Erscheinungsform des Geistigen wahrnehmen können, welches aber nur in einer ‚Welt' wahrnehmbar ist, die, durch die Konkretion der Zeit, diese Zeit in die Zeitfreiheit umgestaltete und damit erst die Konkretion des Geistigen ermöglichte"

3) Das ‚*Wahren*', welches als ganzheitliche Wahrgeben-Wahrnehmen die Realisationsform der integralen Bewusstseinsstruktur ist und damit der aperspektivischen

189. Ebd., 220

Welt einen durchsichtigen Wirkcharakter verleiht.“[190]

Das nächste Kapitel wird uns helfen, den Sprung von der perspektivischen mentalen zur aperspektivischen integralen Welt genauer zu erkunden.

Wir befinden uns noch in diesem Sprung, oder besser gesagt, *dieser Sprung ist noch in uns.*

Es ist wichtig, sich Zeit zu nehmen für diesen ‚intra-strukturellen' Raum, denn es ist unsere eigene Welt, in der das Neue und das Alte, das defizitäre Mentale und das effiziente Integrale in einer janusköpfigen Mischung im Spiel sind. Für den Moment sollten wir uns einfach vor Augen halten, dass der Mensch die Integralität seiner Mutationen ist, und dass wir, um den Sprung in die integrale Welt zu beginnen, uns weiter mit der Zeit befassen müssen.

Die vorläufige Aufgabe für die integrale Welt ist die Konkretisierung der Zeit.

Wir müssen, wie Petrarca, bereit sein, in eine neue Realität aufzubrechen: Der Raum ist bis zum Äußersten bearbeitet worden, und das Denken ist seiner eigenen bleiernen und starren Rationalität erlegen. Um zum Integralen zu gelangen, müssen wir daher entdecken, was es bedeutet, raum- und zeitfrei zu sein, was für Gebser bedeutet, zu lernen, ich-frei zu sein.

Lassen Sie uns also in die integrale Welt eintauchen und entdecken, was das bedeutet.

---

190. Ebd., 465.

6: Die integrale a-perspektivische Welt: Zeit-Freiheit und seine zeitgenössischen Manifestationen

„Vieles, das heute geschieht, ist Auflösung. Aber es ist nicht nur Auflösung, denn diese enthält zugleich auch die Lösung."[191]

„Unser heutiges Bewußtsein ist ein Bewußtsein des Übergangs … Das Wort Einbruch bringt sowohl ein Hereinbrechen der Zeit wie ein Zusammenbrechen der Zeit für unser Bewußtsein zum Ausdruck"[192]

Auf die Gegenwart zuschnellen

Mit unserem Verständnis von Gebsers Konzept der Zeit – als eine vierdimensionale „Zeitfreiheit", die sich, wie der Gott Shiva, als eine „mehrarmige" oder *amensionale* Realität manifestiert – können wir endlich erkennen, warum die perspektivische Welt so große Schwierigkeiten mit ihr hat. „Wie jede unterdrückte Kraft", schreibt Gebser, „rächt auch sie sich, wenn sie befreit wird oder sich selbst befreit. Und dann vergewaltigt, beängstigt und verwirrt sie uns zuerst einmal auf destruktive Weise".[193] Die Zeit ist hervorgebrochen und hat sich befreit. Das Achronon, die Zeitfreiheit, *ist* allgegenwärtiger Ursprung.

Das Bewusstsein „bewegt" sich auf die ihm innewohnende Ganzheit zu. Wir wurden im Mentalen wachgerüttelt, aber im

191. Gebser, UUG, 440.
192. Ebd., 444.
193. Ebd., 447.

Integralen werden wir in die Klarheit des Ursprungs eingeweiht. Dies ist eine immense, oder besser gesagt, eine unermessliche geistige Aufgabe: das geistige Ganze nicht nur zu ergründen, sondern es zu konkretisieren. Es geht darum, den Ursprung *in* und *durch* uns Wirklichkeit werden zu lassen. In diesem Übergang vom pyramidalen und räumlichen Denken zum a-räumlichen und *sphärischen* Bezug wird die Welt – Zeit und Raum – für uns transparent. Objekte bleiben nicht länger kategorisch abgeflacht, sondern werden auf geheimnisvolle Weise offen und durchscheinend, indem sie sich von Punkten dialektischer Opposition auf einer räumlichen Ebene in seltsame und wundersame Ausdehnungen – Singularitäten – verwandeln, die in vernetzter Beziehung entstehen, im *Interbeing*.[194] Der perspektivische Ereignishorizont bleibt nicht länger der „Fluchtpunkt" für das Ego, sondern eine aperspektivische Brücke zwischen dem Unsichtbaren und dem Sichtbaren und den Bereichen, die sich über den Bereich des wachen Geistes hinaus erstrecken.

Weil das verräumlichende mentale Zeitalter diese neue Mutation durch Systematisierung initiiert, dies aber nicht konkretisieren kann, wird eine Bewusstseinskrise angeregt: kategoriale Landkarten platzen und schwellen unter der Last der Komplexität an, das Achronon erschüttert die zeitliche Linearität, indem es sich als exponentielle und unkontrollierbare Kraft manifestiert. „Die Kraft der Zeitfreiheit leuchtet dem Bewußtsein als Übermächtigkeit der Zeit auf".[195] Diese Krise ist für uns von wesentlicher Bedeutung, denn sie ist das Zeitalter, in dem wir uns befinden. So wie die mythische Struktur uns geholfen

194. Ein Kunstbegriff, der auf Thich Nhat Hanh zurückgeht. Kombiniert man die Vorsilbe „inter" (zwischen) mit dem Verb „sein", so entsteht das neue Verb „inter-be"; Anm. d Ü.

195. Ebd, 536.

hat, das Auftauchen der Seele und das letztendliche Auftauchen des Ichs im Mentalen zu verstehen, kann uns das mentale Zeitalter helfen, das Auftauchen der Zeitfreiheit und der Ich-Freiheit in der integralen Mutation zu verstehen.

Gebser weist auf drei Phasen hin, in denen die Zeit in die perspektivische Welt eintritt und sie destabilisiert: der Durchbruch der Zeit, der Einbruch der Zeit und die Konkretisierung der Zeit. Der *Durchbruch der Zeit* ereignet sich für uns, wenn wir uns noch nicht bewusst sind, was das Phänomen ist; es scheint *uns* zu passieren. Der *Einbruch der Zeit* wird als zunehmendes Bewusstsein der Zeit erlebt, die in unsere kulturelle Phänomenologie eindringt; das Konzept der Zeit, die Uhrzeit und die Angst, die Zeit als eine Kraft, die sich beschleunigt und außer Kontrolle gerät. Die *Konkretisierung der Zeit* schließlich ist die Manifestation der Zeit als akutes Phänomen in unserem Leben, das – zumindest teilweise – von den räumlichen Abstraktionen des Mentalen befreit ist und als greifbare Präsenz und Realität zum Ausdruck kommt. Wie jedes gute integrale Phänomen laufen diese drei Phasen nicht in strenger linearer Abfolge ab, sondern alle auf einmal, d. h. von allen Seiten. Die Janusköpfigkeit unseres intrastrukturellen Moments offenbart chaotische Bifurkationspunkte, an denen das Alte gefährlich mit dem Neuen verschmilzt:

> *„Da in ihr eine Umstrukturierung unserer Realisationsweise stattfindet, sind alle ihre Äußerungen janusköpfig: sie sind einerseits der bisher gültigen Bewußtseinsstruktur verhaftet, die, soweit sie defizient wurde, zu zerfallen droht, andererseits sind sie bereits der neu sich bildenden Bewußtseinsstruktur verpflichtet, die nur allmählich zum Durchbruch gelangt. Das bringt mit sich, daß vordergründig eine Wirrnis entsteht, da beispielsweise die Erschütterung der alten Denkweise noch nicht*

genügend durch die Festigung der neuen Wahrnehmungsweise ausgeglichen ist".[196]

In diesen explosiven Mischungen berauscht sich das defiziente mentale Bewusstsein an den schillernden Neuheiten der effizienten Einsicht (in unserem Fall an der Konkretisierung der Zeit und dem beginnenden integralen Bewusstsein). Die Verheißung von morgen wird zur Hybris von heute, und schöpferische Mutationen werden von der alles quantifizierenden Ratio, die sich als alleiniger Schiedsrichter des Neuen aufspielt, assimiliert, ja sogar aufgehalten und absorbiert. (man denke an den griechischen Mythos vom Titanen Kronos, der seine Kinder verschlingt). Verheißung und Gefahr gehen im Möbiusband des Werdens ineinander über. In unserer Zeit der Geschwindigkeit und des Aussterbens, der technologischen Rasanz und des ökologischen Zusammenbruchs bricht die Zeit *auf*, bricht *ein* und konkretisiert sich gleichzeitig.

Maschine und Revolution

In der ersten Manifestation, dem *Durchbrechen der Zeit*, wird die Zeit durch die historisch synchronen Ereignisse der industriellen Revolution und des Erwachens der Linken angekündigt. Gebser fordert uns auf, die von James Watt 1782 erfundene Dampfmaschine als ersten Indikator für den Durchbruch der Zeit ins Bewusstsein zu betrachten: „Die Maschine, die Dampfmaschine ist Erzeugerin motorischer Kraft. Sie zerreißt das statische räumliche Gefüge, das seit 1500 n. Chr. erreicht worden war."[197] Motorik, und zwar *unkontrollierte* Motorik, ist

196. Gebser, UUG, 439.
197. Gebser, UUG, 466

hier das entscheidende Merkmal. Wir stellen unsere Maschinen her (man erinnere sich an die Verbindung zwischen *Machen* und *Magie*), doch sind wir auch vom Zwang besessen, sie herzustellen. Das ist McLuhans Einsicht, dass wir „die Sexualorgane der Maschinenwelt geworden sind, wie die Biene der Pflanzenwelt, die es ihr ermöglicht, sich zu befruchten und immer neue Fo[198]rmen zu entwickeln". Der historische Ansturm exponentieller Innovation, der die Moderne kennzeichnet, ist eine Manifestation des Durchbrechens der Zeit, aber auch des Einbruchs der Zeit. Die für die Moderne symptomatische Angst vor dem Kontrollverlust durch die zunehmende Motorik und den frenetischen technologischen und wirtschaftlichen Fortschritt erreicht in der „flüssigen Moderne" des Soziologen Zygmunt Bauman einen fieberhaften Höhepunkt. Der Technophilosoph Kevin Kelly erkannte diesen Trend in den frühen 1990er Jahren mit seinem treffend betitelten Buch *Out of Control: The New Biology of Machines, Social Systems, and the Economic World*, oder kürzlich in *What Technology Wants.* In dem letztgenannten Text vertritt Kelly die Ansicht, dass sich die Technologie *wie eine Naturgewalt verhält* – ein „siebtes" Reich des Lebens mit eigenen Wünschen und Kräften – und bezeichnet es als „Technium".[199] Auch wenn hier kein Platz ist, um Kellys Ansatz näher zu erläutern, so ist er doch eine faszinierende Bestätigung dafür, dass Gebsers Zeiteinbruch auch im digitalen Zeitalter weitergeht. Ray Kurzweil hat den Einbruch der Zeit mit seiner prophetischen Verkündigung einer technologischen Singularität zu einem eschatologischen und transhumanistischen Prinzip erhoben: Durch den Fortschritt der künstlichen Intelligenz werden Maschinen die menschliche Spezies ablösen und den nächsten Evolutionssprung vollziehen. Diese Techno-

198. McLuhan, *Understanding Media*, 46.

199. Siehe Kevin Kelly, *What Technology Wants* (New York: Penguin, 2010).

logen ahnen, was Mystiker wie Sri Aurobindo oder Teilhard de Chardin vor einem Jahrhundert zum Ausdruck brachten, aber sie tun es im Hypermaterialismus des Informationszeitalters. Es wird besser sein, wenn wir annehmen, dass diese mechanistischen Theorien der Zukunft symptomatische Manifestationen des neuen Bewusstseins sind, die wahr sind, in dem sie als ihr integrales, auf Mutation bezogenes Thema betrachtet werden.

Genauso wie sich die Maschine von ihrem Hersteller emanzipierte, erwachte die Linke durch die Französische Revolution (die 1789 begann, also nicht lange nach der Erfindung der Dampfmaschine) im westlichen Bewusstsein. Gebser verbindet diese beiden historischen Ereignisse als Ausdruck der gleichen veränderlichen Qualität. Wie bereits erwähnt, war die Linke in der westlichen Kultur bis dahin Gegenstand der Unterdrückung und Verleugnung durch das Vorurteil des wachen Bewusstseins des Mentalen selbst gewesen. Das Wiederauftauchen all dessen, was als links galt – seien es verdrängte Individuen und Kulturen, Frauen im Patriarchat, Mensch und Biosphäre im Industriekapitalismus oder auch (und vor allem) veränderte Bewusstseinszustände – kommt in einer „unkontrollierten Intensität" zurück und fordert unsere Aufmerksamkeit. Der jüdische Philosoph Walter Benjamin – ein Zeitgenosse Gebsers während des Zweiten Weltkriegs, der auf der Flucht vor den Nazis in Spanien tragisch Selbstmord beging – drückt die Intensität des linken Bewusstseins am besten aus, wenn er schreibt: „Die Tradition der Unterdrückten lehrt uns, dass der ‚Ausnahmezustand', in dem wir leben, nicht die Ausnahme, sondern die Regel ist."[200] Wenn man bedenkt, dass Gebser die „Überwindung des Patriarchats" sowie „Verzicht auf Herrschaft und Macht" als zwei wichtige Voraussetzungen

---

200. Walter Benjamin, *Über den Begriff der Geschichte,* (Suhrkamp, 2010), S. 74.

für die bevorstehende Bewusstwerdung ansieht, kann man erkennen, dass das Auftauchen der Linken im Bewusstsein nicht allein das Signal der Moderne oder gar der Postmoderne ist, sondern eine unvollendete geistige Intensivierung, die auch dem Morgen gehört.[201]

Diese beiden Bilder kommen zusammen: *Das Vorpreschen der Maschinenwelt* und *das Erwachen der Linken* sind die komplementären Erscheinungsformen des Einbruchs der Zeit. Beide haben mit Emanzipation zu tun: Für die Maschine ist sie ein „emanzipiertes Werkzeug", frei von unserer geistigen Kontrolle, selbst wenn wir sie herstellen (und wir sind *stets* besessen von dem Akt, Maschinen zu bauen). Für die Linke ist es das Individuum, das für das Ganze steht und seine Freiheit sucht.[202]

Wenn wir Gebsers Erkenntnisse über die frühen kulturellen Phänomene der aperspektivischen Welt betrachten – die alles vom Surrealismus und Dada bis hin zur Freud´schen Psychotherapie verbinden –, ist es, als ob ein unter Druck stehender Deckel aufgesprengt wurde: Das Unbewusste, die Zeit, die Kunst, die Technologie, die Politik, die Ökologie, die Magie und die Revolution – sie alle dringen in das moderne Bewusstsein ein, verlangen nach Integration und machen Geschichte, wie wir sie kennen.

Göttlicher Wind, moderner Engel

Kehren wir für einen Moment zu Walter Benjamin zurück, um nicht nur das Durchbrechen der Zeit, sondern auch ihren Einbruch zu veranschaulichen; die Zeit als Konzept und Kraft, die

---

201. Gebser, UUG, 538.
202. Gebser, UUG, 472.

in die räumliche Welt einbricht und sie unaufhaltsam beschleunigt. In seinem berühmten Essay mit philosophischen Fragmenten, „Geschichtsphilosophische Thesen", schreibt Benjamin über einen von Gebser geschätzten Künstler – Paul Klee – und sein Gemälde „Angelus Novus". Das Gemälde zeigt einen von Klee´s einzigartig gespenstischen Engeln, der mit geöffneten Flügeln nach vorne blickt. „Der Engel der Geschichte muss so aussehen"[203], schreibt Benjamin, und seine Interpretation spiegelt das unglückliche Verhältnis der Moderne zu Zeit und Technik wider. Klee stellt die Zeit als einen unaufhaltsamen göttlichen Wind dar, der aus dem Paradies hereinweht:

> *Er hat das Antlitz der Vergangenheit zugewendet. Wo eine Kette von Begebenheiten vor u n s erscheint, da sieht er eine einzige Katastrophe, die unablässig Trümmer auf Trümmer häuft und sie ihm vor die Füße schleudert. Er möchte wohl verweilen, die Toten wecken, und das Zerschlagene zusammenfügen. Aber ein Sturm weht vom Paradiese her, der sich in seinen Flügeln verfangen hat und so stark ist, dass der Engel sie nicht mehr schliessen kann. Dieser Sturm treibt ihn unaufhaltsam in die Zukunft, der er den Rücken kehrt, während der Trümmerhaufen vor ihm zum Himmel wächst. Das, was wir den Fortschritt nenne, ist d i e s e r Sturm.*[204]

Man könnte viel über Benjamins talmudischen Engel der Geschichte schreiben, aber ein paar bemerkenswerte Zeilen sind für unsere Diskussion über die Zeit relevant (also eine Exegese von Benjamins Exegese). Der Engel sieht die Geschichte nicht als lineare Abfolge, sondern als etwas, das wir

---

203. Benjamin, *Über den Begriff der Geschichte,* (Suhrkamp, 2010), S. 74
204. Ebd.

als *integrale Katastrophe* bezeichnen könnten; die Linearität des Marsches der Moderne in die Zukunft wird vielmehr als ein Zusammenbruch des mentalen Bewusstseins gesehen. Die Zeit rast wie ein großer und göttlicher Sturm vorwärts, aber es ist die Zeit, wie sie sich nur durch die Linse der perspektivischen Welt manifestiert hat – eine unbeherrschte Kraft, die die Trümmer der Geschichte „himmelwärts" auftürmt wie ein industrieller Turm. Sie ist noch nicht mit einer Intensivierung des Bewusstseins konfrontiert worden, die sie beherrschen könnte. Benjamins Interpretation von Klees Gemälde bringt das existenzielle Grauen der Beziehung der Moderne des 20. Jahrhunderts zum Phänomen der Zeitverschiebung (und, wenn wir hinzufügen wollen, unseres *eigenen* Moments, in dem wir mit der Krise des Klimawandels und des Kapitalismus im Anthropozän konfrontiert sind) sehr deutlich zum Ausdruck. Wenn wir uns an Gebsers Kommentar darüber erinnern, dass der Fortschritt ein Fortschreiten *weg* vom Ursprung ist, dann ist der Wunsch des Engels, „ganz zu machen, was zerbrochen wurde", zum Ursprung zurückzukehren, eine wünschenswerte Zwischenstufe zwischen dem Archaischen und dem Integralen. In dem wir uns zwischen den beiden Polen im späten mentalen Zeitalter vorfinden, nehmen wir unsere Realität als am weitesten von einem partizipatorischen Kosmos entfernt wahr. Doch hoffentlich ist das integrale Zeitalter auch das unmittelbar bevorstehende.

Benjamins Interpretationen sind hier zwar lebendig und anregend, aber auch düster und sogar fatalistisch. Wir sollten uns jedoch daran erinnern, dass Benjamin selbst diese Passage 1940 schrieb, kurz bevor er sich das Leben nahm, und dass die Bedingungen in Europa in der Tat für Millionen von Menschen sehr düster waren. Und doch beschwört Benjamin hier so präzise die Krise des defizienten mentalen Bewusstseins und der Moderne herauf. Jene Kräfte, die wir zu beherrschen glaubten, offenbaren nur ihre Unerkennbarkeit und darüber hinaus ihre scheinbar grenzenlose Intensität, wenn sie wie ein göttlicher Wind vom Himmel hereinwehen. Die mentale Epoche kann, wie wir schon sagten (denn an ihre Bedeutung muss immer wieder erinnert werden), das Integrale nur initiieren, aber nicht beherrschen. Benjamins Engel der Geschichte ist ein Bild für den Einbruch der Zeit.

Integrale Singularitäten

Vielleicht muss der göttliche Wind, der aus dem Paradies hereinweht, nicht katastrophal sein. Oder vielmehr, die Katastrophe selbst kann von der integralen Struktur aus als Metamorphose bewusst wahrgenommen werden. Was uns als zerstörerische Kraft erscheint, ist in Wirklichkeit unsere eigene Weigerung, aus dem perspektivisch engen Feld der linearen Zeit in den amensionalen und visionären Zustand zu springen, in dem sich die Zeit zum geistigen und vielfältigen Ganzen konkretisiert. In diesem Zustand wird die Krise zum integralen Bestandteil der Mutation im Prozess des Werdens. Die Beziehung zwischen Signal und Rauschen, Zusammenbruch und Transformation ist, wie William Irwin Thompson schreibt, „zugleich symbiotisch, wie Leben und Tod, und relativistisch, wie Zeit und Raum“.[205] Doch wir sind in dieser Zeit aufgerufen, einen Weg zu finden, Rauschen in Signal zu verwandeln und die Krise als Katalysator für einen Mutationssprung in die Zukunft zu begreifen. Wir müssen uns ständig fragen: Was sagt uns die Katastrophe? Es könnte sein, dass wir nur durch die *Via Negativa* der Mystik – in unserem Fall die Betrachtung der

205. William Irwin Thompson, *Passages About Earth: An Exploration of the New Planetary Culture* (New York: Harper & Row, 1974), 131.

katastrophalen Bifurkation – beginnen können, das Signal im Lärm zu erkennen und damit die planetarischen Kulturen der Zukunft. Pierre Teilhard de Chardin verstand dies, als er über die gleichen Winde des Fortschritts schrieb, nicht als Katastrophe allein, sondern als die geheimen Kräfte einer göttlichen Evolution:

Gesegnet seist du, machtvolle Materie,
unwiderstehliche Evolution,
immer neugeborene Wirklichkeit,
du, die du in jedem Augenblick
unseren Rahmen sprengst,
uns zwingst,
die Wahrheit immer weiter zu verfolgen.

Gesegnet seist du, universelle Materie,
grenzenlose Dauer, uferloser Äther
– dreifacher Abgrund der Sterne,
der Atome
und der Generationen –
du, die du unsere engen Maße überflutest und auflösend,
uns die Dimensionen Gottes offenbarst.[206]

Die Herausforderung für uns als integrale Denker besteht darin, sowohl Benjamin als auch Teilhard im Hinterkopf zu behalten, wenn wir an Katastrophe, Transformation und Evolution denken, die alle gleichzeitig stattfinden. Gebsers komplexe Einsichten in janusköpfige Mutationsperioden sind genau aus diesem Grund hilfreich. Schauen wir uns also unser zweites, zeitgenössischeres Beispiel für den Einbruch der Zeit

206. Pierre Teilhard de Chardin, *Hymn of the Universe* (New York: Perennial, 1972), 66.

an, um unser Dilemma auf dem Weg vom Mentalen zum Integralen zu veranschaulichen – ein Pfad der *Via Negativa*, der alle defizitären Strukturen in die Krise zwingt und der mit der planetarischen Anrufung zu schreien scheint: *Spring!* Vielleicht hilft uns dieser planetarische Mythos, das Vertrauen in die Veränderung zu gewinnen, um dies zu tun.

***

Gebser beschreibt die Krise des Einbruchs der Zeit in der geistigen Welt als einen „Rausch, die Grenzen, sowohl die Grenzen im Mikrokosmischen als auch im Makrokosmischen, immer weiter hinauszuschieben und auf diese Weise im Raum aufzulösen, ja zu zerstören, sein Gefüge zu sprengen, statt ihn zu überwinden."[207] Für den verstorbenen Philosophen Paul Virilio liegt die Signatur der technologischen Moderne in ihrer *Dromologie* – ihrer Geschwindigkeit.[208] Stellen Sie sich ein Motorrad vor, das über eine Autobahn der Zukunft rast und so schnell fährt, dass es zu einem Lichtstreifen wird, der in den Horizont rast. Ein Horizont, der nicht die Sterne, nicht der Himmel über ihm, sondern die elektrischen Lichter der Megacity unter ihm sind. Die Stadt ist „Neo-Tokyo", und dies ist *Akira*. Dieser japanische Film aus dem Jahr 1988, bei dem Katsuhiro Otomo Regie führte und der auf der gleichnamigen Manga-Serie basiert, war einer der ersten Anime-Filme, der in der westlichen Kultur Anklang fand. Er brummte mit dem gleichen kantigen „technischen Vitalismus"[209] (ein weiterer passender Begriff von Virilio) des damals aufkommenden literarischen und filmischen Genres des Cyberpunk, das durch

207. Gebser, UUG, 526.
208. Siehe Paul Virilio, *Speed and Politics* (Los Angeles: Semiotext(e), 2007).
209. Ebd.

William Gibsons *Neuromancer* oder Ridley Scotts *Blade Runner* populär wurde. Akira ist durchdrungen von einer Art Urkraft – und von der Dringlichkeit der Mutation – in allem, von seinem mitreißenden perkussiven Soundtrack bis zu seiner Darstellung eines hypertrophierten postapokalyptischen Industrialismus. Unheilverkündende Gesänge kündigen das Aufkommen eines neuen Bewusstseins für unseren Anti-Helden Tetsuo an, dem jungen Mitglied einer Biker-Gang in Neo-Tokyo, der während einer rasanten Verfolgungsjagd mit seinem Motorrad in ein Kind mit übersinnlichen Kräften kracht. Wie Virilio bemerkt, ist Geschwindigkeit die Signatur der Macht der Maschine, aber als wir das Automobil erfanden, erfanden wir auch den *Unfall*.[210]

Als Tetsuo sich von dem Unfall erholt, wird ihm klar, dass der Sturz – und das Kind, das aus einem geheimen Regierungslabor geflohen war – eine neue psychische Mutation in ihm ausgelöst hat. Wir erfahren, dass das alte Tokio während des Dritten Weltkriegs zerstört wurde, und zwar nicht durch einen *Atomangriff*, sondern durch eine *psychische Bombe*. Akira, eine weitere Testperson aus dem militärischen Wissenschaftslabor, war in einen katastrophalen Unfall verwickelt, der Tokio durch eine schreckliche psychische Implosion dem Erdboden gleichgemacht hat: eine mentale Singularität. Seine sterblichen Überreste wurden von Wissenschaftlern einem ägyptischen Pharao ähnlich in Glasurnen gelegt und in einem Gewölbe tief in den unterirdischen Schichten der Stadt versteckt.

Der Film fragt: Was würde eine Bakterienzelle tun, wenn sie plötzlich mutiert und das Bewusstsein eines Menschen erlangt?

---

210. Siehe John David Ebert, *The Age of Catastrophe: Disaster and Humanity in Modern Times* (Jefferson: McFarland, 2012), vi. Paul Virilio fragt: „Wie könnten wir es schaffen, den technischen Fortschritt von heute zu analysieren, wenn wir nicht auch seine Unfälle analysieren?“

Was würde ein menschliches Wesen tun, wenn es einen gewaltigen evolutionären Sprung zu einem Superbewusstsein machen würde? Wären wir in der Lage, eine solche Macht auszuüben, ohne uns selbst zu zerstören? Gegen Ende des Films hat Tetsuo völlig die Kontrolle über seine neu gewonnene Macht verloren. Während er gegen das Militär und seinen Freund Kaneda kämpft, hat er seinen Arm durch eine Body-Horror-Ansammlung von Drähten und Maschinentrümmern regeneriert. Sein neuer Arm windet sich wie ein Band aus Schlangen – alles aus Maschen und Drähten – und scheint einen eigenen Willen zu haben, was darauf hindeutet, dass Tetsuos Kräfte wirklich außer Kontrolle geraten sind (ein Motiv, das in dem Cyberpunk-Horrorfilm *Tetsuo: The Iron Man* von 1989 auftaucht). Im Finale des Films – das für seinen schockierenden Körperhorror in die Kinogeschichte eingegangen ist – kann Tetsuos hypertrophiertes Ego seine Bewusstseinsmutation nicht mehr zurückhalten. Wie ein sterbender Stern bläht er sich zu einem riesigen Baby auf, das Fleisch quillt wie ein Krake aus dem Wasser, und tentakelartige Arme winden sich in alle Richtungen. Tetsuo schreit um Hilfe. Endlich wird er von seiner eigenen Kraft überwältigt. Bei dieser Szene denkt man an Kubricks Parallelfilm *2001: Odyssee im Weltraum* und David Bowmans *Star Child*, aber Tetsuo hat den evolutionären Sprung ins neue Bewusstsein noch nicht geschafft. Doch genau wie Bowman hat Tetsuo eine evolutionäre Hebamme, die in Erscheinung tritt und ihn auf die andere Seite der Singularität führt. Akira materialisiert sich gerade rechtzeitig, um Tetsuo in eine neue Dimension zu bringen (es ist erwähnenswert, dass der Junge, Akira, als leuchtender und *transparenter* menschlicher Körper dargestellt wird). Die Stadt Neo-Tokyo ist gerettet, und die Schlussszene führt uns zu einem kosmischen Licht – vielleicht einem weiteren Urknall – mit Tetsuos Stimme, die in kosmischem Jubel aus dem Nichts ausruft: „Ich bin Tetsuo".

Als Film funktioniert *Akira* als das, was William Irwin Thompson als „planetarische Mythologie“[211] beschreibt, und ist eine einzigartige Destillation dessen, was kollektiv im Bewusstsein und in der Kultur geschieht – wie Gebsers Bild des gekrönten Prinzen von Kreta, das den Übergang vom Magischen zum Mythischen so stimmig ausdrückt. Vielleicht wie kein anderer Film konkretisiert *Akira* die janusköpfige Zweideutigkeit der perspektivischen Welt und ihre Entfesselung der Zeit – die umstürzende und überwältigende Energie des integralen Achronons – als eine Macht, die weder vom hypertrophierten Ego noch vom verräumlichenden Mental beherrscht werden kann. Tetsuo war berauscht von den Kräften, die in ihm freigesetzt wurden, doch auf das anfängliche Hochgefühl des Egos in seinem Rausch der Selbstverherrlichung folgt seine Überdehnung und sein Untergang. Die Mutation, die Tetsuo widerfährt, wie die neue integrale Verwirklichung in unserer eigenen Welt, bricht aus solchen Beschränkungen aus und manifestiert sich als eine belebende und beschleunigende Kraft – Virilios Dromologie. Das neue Bewusstsein, wenn es nicht bewusst integriert ist, manifestiert sich als eine zunehmende Intensität des Alten. Das Alte wird nicht bewusst überwunden, sondern überwältigend uns unbewusst.

Das Bild von Neo-Tokyo mit seinen rasenden Kräften der technologischen Evolution, der Zeitverschiebung und der Bewusstseinsintensivierung ist ein Bild unserer Welt – ein Mythos über die Geburt der planetarischen Kultur und des *homo integer.*

211. Thompson, *Passages About Earth*, 119.

Zeitfreiheit und die geistigen Implikationen des integralen Bewusstseins

Wir haben das mentale Zeitalter betrachtet, das sich mit dem Integralen vermischt, aber wie sieht die Zeit aus, wenn wir uns vom Zwischenzeitalter entfernen und beginnen, uns Gebsers Zeit-als-Gegenwart zuzuwenden?

Der Einbruch der Zeit ist ein integrales Phänomen und kündigt das Kommen der Zeit selbst an, nicht als Uhrzeit, sondern als Quintessenz der Zeit: ihre Vier-Dimensionalität. Diese Form der Zeit ist zur paradoxen Überraschung vieler von uns, die noch in der mentalen Welt verankert sind, die *Zeit-Freiheit.* In der mentalen Struktur ist die Zeit immer noch der Teiler, und solange wir sie auf diese Weise wahrnehmen, wird sie den Raum weiterhin teilen, unterbrechen und trennen. Doch wie Gebser sagt: „Was aber freigelegt wird, das ist mehr als der bloße Begriff ‚Zeit': es ist das *Achronon, also das Frei- und Befreitsein von jeder Zeitform; es ist die Zeitfreiheit*".[212]

Was bedeutet es, dass Zeit Zeitfreiheit *ist*? Die Aussage klingt zunächst leicht konzeptionell, wie ein weiterer Science-Fiction-Film (und es überrascht nicht, dass Science-Fiction ein hervorragendes Genre ist, um das Konzept der Zeit zu erforschen, wie es sich im populären Bewusstsein wandelt und mutiert). Doch wie Gebser klar darlegt – und wie die vorangegangenen Kapitel hoffentlich gezeigt haben – ist in der Gegenwart so viel *verborgen*, das sich nicht auf ein bloßes Jetzt reduzieren lässt. Die Gegenwart ist kein singulärer Moment, der in tausend fragmentierte „Jetzt" aufgeteilt ist. Stattdessen offenbart die Gegenwart die Vielfältigkeit der Zeit: „die ungeteilte Präsenz von Gestern, Heute und Morgen, die in einer bewußt vollzogenen Aktivierung zu jener ‚Gegenwärtigung' führen kann, welche auch den

212. Gebser, UUG, 444.

‚Ursprung', der unverlierbare Gegenwart ist, einschließt".[213] Das würde bedeuten, dass die Zukunft genauso *hier* bei uns ist wie die Vergangenheit.

Welche Art von intensiviertem Bewusstsein muss „online gehen", um die Gegenwart auf diese Weise zu erfahren? In welche Art von intensivierter Realität müssen wir eintreten? Damit sie greifbar – verkörpert – wird und nicht nur ein zugegebenermaßen faszinierendes, aber abstraktes Konzept bleibt? Für Gebser ist dieses Bewusstsein ein Schritt von der Abstraktion zur Konkretion, und wenn es eine Praxis für uns gibt, die diese Einsicht in unser Leben integrieren will, dann ist es das Leben des Kontemplativen; nicht notwendigerweise eines klösterlichen Kontemplativen, sondern eines, die sich die vergegenwärtigt, um den integralen Menschen hervorzubringen, während wir den Klimawandel und die zivilisatorische Katastrophe erleben. Es ist eine Form der Gegenwart, die Gebser anspricht, wenn er Friedrich Hölderlin zitiert: „Denn siehe! Es ist der Abend der Zeit, die Stunde, wo die Wanderer lenken zu der Ruhstatt. Es kehrt bald ein Gott um den anderen heim … Darum sei gegenwärtig…"[214] Für den integralen Menschen ist es, glaube ich, auch eine Art von mitfühlender Gegenwart in der Welt, eine Neueinstellung des labyrinthischen Gehörs der magischen Struktur auf integrale Zeitlichkeit. Gebser bewies in seinem Studium der Sprache, der Kunst und anderer kultureller Ausdrucksformen eine natürliche Fähigkeit, gegenwärtig sein zu können; seine Gegenwärtigkeit erlaubte es ihm, sich auf die zugrundeliegende Phänomenologie des Bewusstseins, die in jeder Struktur am Werk ist, „einzustimmen". Es ist dieser Akt der mitfühlenden Gegenwärtigkeit, den wir in die Zukunft mitnehmen können und der es uns ermöglicht, Gebsers Arbeit im

213. Ebd, 457.

214. Ebd. 194.

einundzwanzigsten Jahrhundert fortzusetzen, ohne einfach den begrifflichen Rahmen der archaischen, magischen, mythischen, mentalen und integralen Terminologie zu imitieren. Wir sollten diese Begriffe nur dann verwenden, wenn sie *mehr* sind als bloße Konzepte, sondern phänomenologisch erfahrene Wirklichkeiten.

Wahrnehmbarkeit und Klarheit sind die Qualitäten, auf die man hinarbeiten sollte, wenn man sagen kann, dass es in dieser Struktur noch etwas gibt, *auf* das man räumlich hinarbeiten kann (schließlich impliziert die *Sphärizität* der integralen Welt, dass wir statt eines Hinarbeitens ein Durchschauen, ein In-Beziehung-Setzen zum Ganzen und ein Sich-im-Ganzen-erhalten versuchen). Wenn wir gegenwärtig werden, kultivieren wir die Fähigkeit zur Offenheit; was in dieser Offenheit „aufleuchtet", ist alles, was wir gewesen sind und alles, was wir werden, nicht nur als Individuen, sondern auch in der „längeren" Sicht: die Strukturen des Bewusstseins, der genetischen und evolutionären Abstammung und des kosmischen Seins. Nur durch Offenheit und Weite können wir dieser Dinge, die in der Gegenwart verborgen sind, gegenwärtig werden und mit den unendlichen und kreativen Kräften des Ursprungs mitwirken. Durch diese Diaphanität werden wir zu ko-bewussten „Mutanten" für die Zukunft; Mutationen als Bewusstseinssprünge werden vollzogen, wenn wir uns *mit* dem, was *uns* bewegt, in neue Seinsverwirklichungen hineinbewegt haben. In dieser Weite wird alles transparent. Hier spricht alles dynamisch zu sich selbst und informiert sich selbst, da es sich sowohl als ein Ich in der Zeit als auch als ein kosmisches Ganzes, das durch die Zeit hindurchgeht, manifestiert. In der Tat schloss Gebser *Ursprung und Gegenwart* mit den Worten: „Wir wahren das Ganze, und das Ganze wahrt uns".[215]

---

215. Ebd., 720.

Das ist es, was wir in der Gegenwart finden: die Einheit von Vergangenheit und Zukunft, die bewusst erlangte Gegenwart des geistigen Ursprungs. Was sich nicht begrifflich fassen lässt, kann a-rational gewahrt oder wahrgenommen werden.

Das Wort *a* (frei) und *chronon* (Zeit) impliziert, dass in der integralen Mutation eine neue geistige Freiheit erlangt wird, doch sollten wir uns davor hüten, die Errungenschaften der einzelnen Bewusstseinsstrukturen zu vernachlässigen. Die *eine* Dimension des Magischen, die *zwei* Dimensionen des Mythischen und die *drei* Dimensionen des Mentalen bleiben alle erhalten und werden sozusagen überbewusst. „Damit ist zugleich gegeben, dass wir die Welt in ihren Grundlagen wahrnehmen und nicht mehr ausschließlich an die Erlebnis-, Erfahrungs-, und Vorstellungsformen der Welt gebunden sind“[216], schreibt Gebser. Die Fixierung wird aufgehoben. Diesmal ist die Freiheit eine neue Dimensionalität, in die wir eintreten, oder besser gesagt, die „Amension“[217] und damit werden wir fähig, alle Dimensionalitäten zu wahren und sie jenseits der fixen Kapazitäten des synthetisierenden Verstandes des Mentalen zu integrieren. Durch diese Unmittelbarkeit kommt Gebsers Konzept des *Wahrens* ins Spiel, eine Art gegenseitiger Vermittlung der Wahrheit, d.h. der transparenten, aperspektivischen Realität.[218] Wenn ein integrales Verstehen „von allen Seiten“, die Systase, zu unserer Methode wird, bringt uns das in etwas ganz anderes als die mentale Synthese. Stattdessen beginnen wir mit der *Synairese*, die wir hier zusammenfassend als Ausdruck des Ganzen beschreiben könnten. Die Zeit-Freiheit ist also sowohl die Quintessenz der Zeit als auch die Quintessenz eines jeden einzigartigen Ausdrucks der Zeitform:

216. Ebd., 531.
217. Ebd., 531.
218. Ebd., 465

Aus der aperspektivischen Weltsicht heraus betrachtet, erscheint sie geradezu als die grundlegende Funktion und von vielfältigster Art. Sie äußert sich, ihrer jeweiligen Manifestationsmöglichkeit und der jeweiligen Bewußtseinsstruktur entsprechend, unter den verschiedensten Aspekten als: Uhrenzeit, Naturzeit, kosmische Zeit oder Sternenzeit; als biologische Dauer, Rhythmus, Metrik; als Mutation, Diskontinuität, Relativität; als vitale Dynamik, psychische Energie (und demzufolge in einem gewissen Sinne als das, was wir ‚Seele' und ‚Unbewußtes nennen), mentales Teilen; sie äußert sich als Einheit von Vergangenheit, Gegenwart und Zukunft; als das Schöpferische, als Einbildungskraft, als Arbeit, selbst als Motorik. Nicht zuletzt aber muß, nach den vitalen, psychischen, biologischen, kosmischen, rationalen, kreativen, soziologischen und technischen Aspekten der Zeit auch ihres physikalisch-geometrischen Aspektes gedacht sein, der die Bezeichnung ‚vierte Dimension' trägt."[219]

In ähnlicher Weise überlässt uns Gebser eine eher deskriptive als präskriptive Liste integraler Eigenschaften. Diese Liste folgt keiner bestimmten Reihenfolge, aber sie drückt einige der wichtigen Eigenschaften der neuen Mutation aus. Die übergreifenden drei Punkte für integrale Phänomene (die im vorigen Kapitel erwähnt wurden) – Zeitlichkeit, Diaphanie und Wahren – „tauchen" in dieser Liste von Kriterien in ihren unterschiedlichen Formen auf: Zeitlichkeit zum Beispiel durch die Verwirklichung von Zeitlosigkeit oder Zeitfreiheit, und Diaphanie und Wahren durch das Geistige. Diese integralen Qualitäten können sich durch Individuen und ihre jeweiligen kulturellen Ausdrucksformen manifestieren - poetisch, sprachlich, wissenschaftlich oder anders. Im zweiten Teil von *Ursprung und Gegen-*

219. Ebd., 445

wart sucht Gebser akribisch nach diesen integralen Signifikanten, wie sie sich in transdisziplinären Bereichen (Literatur, Sozialwissenschaft, Physik, Geschichte, Wirtschaft und Religion, um nur einige zu nennen) manifestieren. Wir überlassen es dem Leser, diese Entwicklungen selbst zu erforschen und die notwendigen Verbindungen zwischen den 1940er und den 2010er Jahren herzustellen. Diese hilfreiche Liste kann uns dabei helfen, die integrale Realität, die in unserem eigenen Moment der kulturellen Evolution auftaucht, zu wahren:

Das Ganze,
Ganzheit
Durchsichtigkeit (Diaphanität),
das Geistige (das Diaphainon),
Überwindung des Ichs,
Realisierung der Zeitlosigkeit,
Realisierung der Zeithaftigkeit,
Realisierung des Begriffes Zeit,
Realisierung der Zeitfreiheit (das Achronon),
Zerbrechen des Räumlichen,
Zerbrechen des nur Systematischen,
Eindringen des Dynamischen,
Anerkennung des Energetischen,
Meisterung der Bewegung,
vierte Dimension,
Überwindung des Patriarchats,
Verzicht auf Herrschaft und Macht,
Gewinn von Intensität,

Klarheit (statt bloßer Wachheit),

Wandel des schöpferischen Ansatzpunktes[220]

Wie Gebser schreibt, sind diese „Ansätze zur Überwindung der folgenden ‚Ismen' stets Ansätze zur ersten Manifestation des Aperspektivismus: Perspektivismus, Dualismus, Materialismus, Dialektismus, Positivismus, Nihilismus, Existenzialismus, Pragmatismus, Psychismus, Vitalismus, Mechanismus, Rationalismus und Spiritismus – um nur einige zu nennen."[221] Was die Überwindung aller „Ismen" möglich macht, ist die Zeitlichkeit der aperspektivischen Welt; die Zeit, die von ihrer mentalen Konzeption befreit und durch das integrale Bewusstsein in ihrer vollen Amensionalität dargestellt wird. Dies hilft uns, die Aufgabe zu verstehen, die uns gestellt wird – in Richtung der „neuen Aussage" –, die durch die oben erwähnten Beschreibungen ermöglicht wird.[222] In Gebsers sorgfältiger Navigation der Sprache versucht er, das Werk selbst einer integralen Form der Aussage anzunähern. Anstatt das integrale Bewusstsein zu einem Konzept zu abstrahieren, ist es die Sprache selbst, die Gebsers grundlegendes Anliegen in der Art seiner Kommunikation ist: Kann ein Werk über die integrale Struktur auch ein integraler Ausdruck sein? Das ist es, was Gebsers Schreiben, selbst in der Übersetzung, so eindrucksvoll macht: Es erreicht eine Form von literarischer Integralität – die gegenseitige Vermittlung der integralen Realität in der Lektüre und im Leser, die eine verstärkte Klarheit und Gegenwärtigkeit im Text erzeugt, unabhängig von seiner wahrgenommenen mentalen Schwierigkeit. Für uns – die wir über die Zeit hinweg schreiben und lesen – ist es eine Herausforderung, uns weiterhin in die Aufgabe der

220. Ebd., 538
221. Ebd., 538
222. Ebd., 537

Darstellung der diaphanen Welt „hineinzulehnen“. Dies ist gleichbedeutend mit dem Hineinlehnen in die Zukunft. Sowohl für den Künstler als auch für den Wissenschaftler – oder den Künstler-Wissenschaftler, den Produzenten von *Wissenskunst*[223] – besteht die Aufgabe darin, nicht nur in uns selbst eine Intensivierung des Bewusstseins zu erzeugen, sondern auch in denen, die wir durch das, was wir geschaffen haben, erreichen.[224]

Gebser erinnert uns daran, dass uns Systase und Synairese helfen, „zusammenzubringen, was nicht dreidimensional fassbar ist“, und so helfen uns diese integralen Konzepte, wenn wir beginnen, uns mit der Zeitlichkeit vertraut zu machen. Es lohnt sich, ein letztes Zitat zur Zeitfreiheit ausführlich zu betrachten, da es uns hilft, den Moment der kritischen Wahl zwischen dem Sprung in die Zukunft oder (in Ermangelung eines besseren Ausdrucks) einer Zukunft, die uns als Sprungbraucht braucht, zu begreifen. „Zeitfreiheit ist die bewußte Form des archaischen, ursprünglichen Vorzeithaften“[225], was bedeutet, dass der Ursprung – das Selbst, das eigentliche geistige und schöpferische Prinzip – im Menschen bewusst wird. Was geschieht, wenn wir nicht mehr perspektivisch an die geistige

---

223. William Irwin Thompson, *The Time Falling Bodies Take to Light: Mythology, Sexuality and the Origins of Culture* (New York: Saint Martin's Press, 1996), 4.

224. Gebsers einzigartige Herausforderung bleibt eine sorgfältige Gratwanderung: Wir sollten nicht versuchen, die mentale Konzeptualisierung (die Dialektik) oder die mythische Erzählung völlig zu vermeiden (zum Beispiel könnten die Strukturen des Bewusstseins als Trennung vom und Rückkehr zum Ursprung vermittelt werden), sondern stattdessen neue Formen der integralen Aussage versuchen, um ein Gefühl der Ganzheitlichkeit und der Ganzheitlichkeit des evolutionären Prozesses – Vergangenheit, Gegenwart und Zukunft – zu vermitteln und auszudrücken. Dies ist nicht so sehr post-dialektisch oder post-mythisch, sondern eine neue Fluchtlinie und eine neue Herausforderung des integralen Konzepts (Wahren).

225. Gebser, UUG., 530

Welt gebunden sind? Alles, was in der Zeit riesig und uralt war (und ihre jeweiligen Zeitformen), rückt in den Vordergrund – von den Hominiden über Lascaux bis hin zu Kukulkan –, und zwar nicht, weil es uns zu überwältigen droht, sondern weil diese Welten, als Singularitäten, als einzigartige Ausdrucksformen von Bewusstsein, Zeit, Raum und Sein wieder präsent sind. Was in der Zukunft verborgen ist, taucht auch in der Gegenwart auf. Die Zukunft steht der Gegenwart durch eine Klarheit zur Verfügung, die das lineare Ego nicht zu begreifen vermag, aber das größere, transparente Selbstbewusstsein – denn ein integraler Mensch ist ein *ganzer* Mensch – hat die Fähigkeit, sie zu erkennen. Gebser schreibt:

> *Indem wir der magischen Zeitlosigkeit, der mythischen Zeithaftigkeit und der mentalen Begriffszeit ihren ganzheitlichen Wirkcharakter zuerkennen und sie der Stärke ihrer Bewußtseinsgrade gemäß leben. Diese Konkretion der bisherigen drei Entfaltungen der ursprünglichen Vorzeitlosigkeit erschließt uns instantan die vorbewußte Vorzeitlosigkeit. So gesehen ist die Zeitfreiheit nicht nur, wie wir gesagt haben (s. S. 99f.), die Quintessenz der Zeit, sondern sie ist, wie wir jetzt sagen können, die bewußte Quintessenz aller bisherigen ‚Zeitformen'. Und deren Bewußtwerden, das selbst ein Konkretionsprozess ist, ist zugleich die Befreiung von allen diesen Zeitformen: alles wird Gegenwart, konkrete und damit integrierbare Gegenwart. Das aber heißt: vorbewußter Ursprung wird bewußte Gegenwart; eine jede der Zeitformen die für die ein-, zwei-, dreidimensionale Welt grundlegend war, ist integriert und damit auch überwunden.*[226]

226. Ebd., 530

Da die Fixierung auf eine der Strukturen in der integralen Verwirklichung gelockert wird, findet eine sanfte *De-zentrierung* des mentalen Bewusstseins statt; alle Zeitformen entstehen und sind mitpräsent. Was auch immer als Antwort auf eine bestimmte Krise oder Herausforderung benötigt wird, ist in der Lage, in kreativer Teilhabe mit dem Ursprung zu entstehen. Diese immanente Präsenz ist nicht länger ein Punkt oder eine Triade, sondern die Sphäre. In einer Sphäre ist die Frage, ob etwas nah oder fern ist, nicht eine Frage der Entfernung, sondern der Aufmerksamkeit. Das ist es, was das „durch die Welt sehen" für uns wirklich bedeutet. Während wir uns mit der Aussicht auf unser eigenes Aussterben durch das sechste Massenaussterben in der evolutionären Tiefen-Zeit der Erde auseinandersetzen, ist es, als ob die Gesamtheit dessen, was wir sind, gewesen sind und sein könnten, in den Vordergrund unseres Bewusstseins gerückt ist und uns zum ersten Mal wirklich erkennen lässt. Diese Mutationskrise kann, wie wir hoffen, ein Geschenk und ein Katalysator sein. Denn was ist das für ein Selbstbewusstsein, das sich aus diesem langen evolutionären Blick ergibt? Es genügt zu sagen, dass dieses verstärkte Wahren der Beginn von Teilhards Planetisierung ist.

Wir sind mehr als das mentale Selbst, und für diejenigen, die sensibel genug sind, können sich die Strukturen des Bewusstseins öffnen, so dass *andere Selbste* sprechen können. Die Art des Denkens, die für das Überleben im Anthropozän erforderlich ist – wenn die schiere Masse der globalen industriellen Zivilisation unter dem Kapitalismus einen geologischen ‚Fußabdruck' auf der Erde hinterlässt –, ist eine gewisse diaphane Wahrnehmung der mehr-als-menschlichen Welt, und wir sind dankbar für diese Verschiebung (zumindest) in den Geisteswissenschaften durch das ökologische Interesse an der „nichtmenschlichen Wende" (Anerkennung der Handlungsfähigkeit und Subjektivität anderer als menschlicher Organismen oder sogar anderer als menschlicher Entitäten von Felsen über Werkzeuge bis hin zu Bergen). Ökologisches Denken *ist* aperspektivisch; es ist ein Verständnis komplexer Systeme, aber diese Systeme sind nicht „nur systematisch". Die Zeitfreiheit offenbart die tiefe Wechselwirkung, einen „Einbruch der Dynamik" zwischen den Menschen und dem Rest der Biosphäre.

Die Philosophie beginnt, sich mit den Grenzen der Vernunft zu befassen, und Akademiker beginnen, ihre Köpfe auf der anderen Seite des Rationalen herauszustrecken und sie als „Welt ohne uns" zu bezeichnen (wie es Eugene Thacker hilfreich formuliert hat).[227] In der Zwischenzeit haben andere Denker begonnen, die perspektivische Welt der kantischen Objekte für Denkschulen wie der objektorientierten Ontologie (OOO) aufzugeben, eine faszinierende Entwicklung des Philosophen Graham Harman; in aperspektivischer Art bricht im räumlichen Bewusstsein das Überraschende durch, und perspektivische Objekte werden von ihrem reduktiven Nutzen als erschöpfbare Teile der Materie (Werkzeuge und Begriffe), die gemessen werden können, entkoppelt. Die Objekte werden fremd und verborgen – wie ein Renaissance-Gemälde, das sich in eine Form des Impressionismus verwandelt –, unerkennbar, der Fixierung entzogen. Und doch ist diese Verbergung in Wirklichkeit eine *Diaphanität.* Die Objekte brechen aus den Grenzen des geistigen Raums aus und werden zu unergründlichen Singularitäten, jedes Ding eine Öffnung zu den seltsamen und wundersamen inneren Himmeln von Rilkes Poesie.

Schließlich haben wir in diesen Qualitäten den Übergang vom mentalen Ich zum integralen Selbst. Das perspektivische Ich ist nur der Anfang dessen, was wir als Selbstbewusstsein verstehen; es ist das integrale Selbst, das für das Ganze steht und eine intensivierte Selbstwahrnehmung darstellt. *Du* bist es, der mit

227. Siehe Eugene Thacker, *In The Dust of This Planet* (Alesford: Zero Books, 2011)

seiner Vorstellungskraft in den magischen Nexus der Tierwelt vorgestoßen ist und sich in den akustischen Höhlen auf die Sternenkosmogonie eingestimmt hat, und du bist es, der jetzt als Avatar des elektrischen Lichts in der technologischen Umgebung des einundzwanzigsten Jahrhunderts vorstößt und auf den Rand der Katastrophe und des Wunders stößt. Hoffentlich können wir in diesem Wahren *hindurch* zu unseren Ursprüngen erkennen, dass alle Phasen unserer Entstehung – gestern, heute und morgen – dynamisch immer präsent sind und unser planetarisches Werden beeinflussen. Dies ist eine Ahnung des integralen Selbst. Dies ist die Art von Selbst, die fähig ist, die Zukunft zu erben.

Durch die archaische Ganzheitlichkeit des Bewusstseins haben wir schon immer gehandelt, und durch die bewusste Gegenwart des Ursprungs müssen wir jetzt weiter handeln, im Urvertrauen.

Urvertrauen

In einem 1972 gehaltenen Vortrag mit dem Titel „Urangst und Urvertrauen“ betrachtet Gebser die Frage nach dem Ursprung („Woher komme ich?“, „Wer bin ich?“ und „Wohin gehe ich?“)[228] als einen besonders wichtigen Fragenkomplex für den integralen Menschen:

> *Solange wir keine Antwort auf diese Fragen gefunden haben, herrscht Urangst. Aus ihr entspringen in dem Maße, in dem wir uns dieser Fragen bewusst werden, die verschiedenen kreatürlichen, psychischen und intellektuellen Ängste. Sie ist letztlich auch der Auslöser für Aggressionen und Depressionen ...*

228. Feuerstein, *Structures of Consciousness*, 30

die zur Zerstörung anderer oder der eigenen Person führen können. Nur wer eine Antwort auf diese Fragen findet, erweckt Urvertrauen und wird so von der Urangst befreit. Das Unbegreiflichste ist, dass er in diesem Fall die Urangst für immer überwunden hat und daher von einem Rückfall nicht bedroht ist[229].

In den 1960er Jahren reiste Gebser durch Asien, um sein Wissen über Indien und den Fernen Osten „in Fleisch und Blut"[230] zu verwandeln, und verfasste 1962 die *Asienfibel* und 1968 *Asien lächelt anders.* Während dieser Reise hatte Gebser bei einem Besuch im indischen Sarnath (wo Buddha seine erste Predigt hielt) ein tiefes religiöses Erlebnis. Es schien die Bestätigung einer lebenslangen Einsicht zu sein – und des ersten „Blitzschlags" der Inspiration in den 1930er Jahren. In einem Brief, den er 1971 an Georg Feuerstein schrieb, beschrieb Gebser dieses Erlebnis:

> *Es war nüchtern, einerseits mit kristalliner Klarheit im Alltag geschehen, den ich wahrnahm und auf den ich „normal" reagierte, und andererseits und gleichzeitig eine Verklärung und Durchstrahlung des unbeschreiblichen, überirdischen, transparenten „Lichts" – keine Ekstase, keine Emotion, sondern eine geistige Klarheit, ein stiller Jubel, ein Wissen um die Unverwundbarkeit, ein Urvertrauen... Seit Sarnath bin ich wie umgestaltet, innerlich, denn da ist alles an seinem Platz – und es wirkt weiter und ist gewissermaßen eine Ausstrahlung, die immer präsent und greifbar ist.*[231]

---

229. Ebd, S. 30
230. Ebd, 29.
231. Ebd, 173

Diese Erfahrung fand 1961 statt, und es zeugt von der „Unverwundbarkeit" eines solchen Urvertrauens, dass Gebser selbst ein Jahrzehnt später tiefgreifend verändert schien. Während er D. T. Suzuki in Japan besuchte, wurde sein Erlebnis als „Satori" bestätigt.[232] Die Qualitäten dieses „stillen Jubels" und seiner Verklärung des Bewusstseins in Klarheit und „transparentem Licht" geben uns einen weiteren Einblick in die Qualitäten des *Homo integer* von morgen. Dieses letzte Kriterium ist eine Erweiterung der vorherigen Liste und wird uns gegen Ende von Gebsers Leben in seinem letzten Buch, *Verfall und Teilhabe*, angeboten:

> *anstelle der Hektik tritt die Stille und das Schweigenkönnen;*
>
> *anstelle des ausschließlichen Zweck- und Zieldenkens tritt die Absichtslosigkeit;*
>
> *anstelle des Machtstrebens tritt Hingabe und echte Liebesfähigkeit;*
>
> *anstelle des quantitativen Leerlaufs tritt das qualitative geistige Geschehen;*
>
> *anstelle der Manipulation tritt das geduldige Gewährenlassen der fügenden Kräfte;*
>
> *anstelle des mechanistischen Ordnens, der Organisation tritt das „In-der-Ordnung-sein";*
>
> *anstelle der Vorurteile tritt der Verzicht auf Werturteile, also statt Kurzschluß unsentimentale Toleranz;*
>
> *anstelle dualistischer Gegensätze tritt die Transparenz;*
>
> *anstelle der Handlung tritt die Haltung;*
>
> *anstelle des homo faber tritt der homo integer;*

232. Ebd. 173

anstelle des gespaltenen Menschen tritt der ganze Mensch;

anstelle der Leere der begrenzten Welt tritt die offene Weite der offenen Welt[233]

***

Jetzt ist die Zeit zu einem Ende gekommen; oder zumindest die lineare Zeit. Die neuen Medien lassen Vergangenheit, Gegenwart und Zukunft in das digitale *Jetzt* kollabieren, aber wenn wir uns nicht zutiefst bewusst sind, dass unsere Abhängigkeit von der Spirale des mentalen Bewusstseins – der Ratio – die Last und die Energie des Chronon, der Zeitfreiheit, nicht länger tragen kann, dann werden wir einer Art Mutationsstau erliegen (oder dem, was Mark Fisher als „kapitalistischen Realismus" hervorgehoben hat, die Unfähigkeit, sich neue Realitäten jenseits unserer gegenwärtigen Wirtschaftsideologie vorzustellen).[234]

Oft fehlt die Bereitschaft, in neue Ebenen des Seins zu springen, da das tote Gewicht der Vergangenheit die Zeit zum Stillstand und die Welt zur Dunkelheit zwingt. Das wird nicht

233. Gebser, Vom spielenden Gelingen, 2018, S. 300

234. Wir sollten beachten, dass Fishers „kapitalistischer Realismus" die kulturelle Phänomenologie einer Ideologie – des Kapitalismus – und ihre Auswirkungen auf die Kultur betrifft. Gebser war sicherlich nicht derjenige, der ökonomische Ideologien betonte, sondern vielleicht eine gewisse Freiheit von Ideologien. In diesem Fall können wir Fishers kapitalistischen Realismus als Ausdruck eines mentalen Verhältnisses, einer Stasis, begreifen. Das Problem einer überwiegend kapitalistischen Gesellschaft ist, dass ihre zentrale Ideologie der „bottom line"-Realismus ist: die Quantifizierung. Totalisierende Quantifizierung ist ein Anzeichen für den Mangel eines jeden Bewusstseins, und so können wir sehen, dass ein Teil unseres Problems, von Fukuyamas „Ende der Geschichte" bis zum kapitalistischen Realismus, eher mit der zugrunde liegenden Bewusstseinsstruktur zu tun hat, der die Ideologie des Kapitalismus anhängt.

ausreichen. Als jemand, der ein Urvertrauen in die Macht der Zukunft und die Fähigkeit des Menschen hat, diese Bewusstseinsveränderungen kreativ in sich selbst zu verwirklichen, stehe ich mit Gebser auf dem Standpunkt, dass die Zukunft gegenwärtig *ist* und uns umformen kann. Wir sind nicht allein, wir sind nicht verloren. Nur wenn wir der mentalen Denkweise des defizienten Bewusstseins verhaftet bleiben, haben wir keine Zukunft.

Gebser bietet uns ein Denken über die Gegenwart an, dem man in den wesentlichen Punkten kaum widersprechen kann: Die Strukturen des Bewusstseins sind greifbare Realitäten, die der aufmerksame Leser konkret erkennen kann. Die janusköpfige Zwischenzeit zwischen dem Mentalen und dem Integralen informiert uns über unsere aktuelle Krise zwischen Technologie und Biosphäre, Kapitalismus und einer zukünftigen distributiven und immanenten gaianischen Politik. Diese Zukunftsvisionen sind das, was der Anthropologe David Graeber „präfigurativ"[235] nennt, aber das sollte uns nicht davon abhalten, mit ihnen zu experimentieren. Wenn wir diese Sprünge des Urvertrauens in die Weisheit von morgen wagen, handeln wir nicht allein aus Glauben. Wir kommen aus der Zukunft und bringen die Gegenwart in eine neue Potenzialität. Machen wir sie also zu einer geistigen Gegenwart.

---

235. Siehe David Graeber, "Occupy Wall Street's Anarchist Roots", Al Jazeera: https://www.aljazeera.com/indepth/opin-ion/2011/11/20111128728359045O8.html [letzter Zugriff am 28. November 2018].

„Das Einfache ist in uns. Es ist Teilhabe. Teilhabe am uns Unbekannten, aber Evidenten. Ein winziger Same in uns, der alle Transparenz enthält: die durchleuchtete Welt, die durchstrahlteste und allernüchternste Seligkeit. Ein so überaus Umfassend-Ganzes, daß weder unser kluges, übergescheites Käfigdenken noch unser beklagenswert-klagendes und dürftig-starkes Sehnen – wieviel Armut macht es sichtbar! – es auch nur zu erahnen vermögen. Und trotzdem ist es in uns."

– Jean Gebser, 26. April 1973[236]

236. Aus dem Vorwort zu *Verfall und Teilhabe*, Gebsers letztem literarischen Werk, geschrieben kurz vor seinem Tod am 14. Mai.

Perspektive	Struktur	Signifikant	Zeit-Ausdruck	Eigenschaft	Denkweise
	Archaisch	Null	Vorräumlich/vorzeitlich	Angeborene Ganzheitlichkeit als maximale Latenz	
Prä-Perspektivisch	Magisch	Punkt	Raumlos/Zeitlos	Einheitlicher Nexus/ Diffus	
Un-perspektivisch	Mythisch	Kreis	Symbolischer Raum / Natürliche Zeitlichkeit oder Rhythmik	Ewige Wiederkehr, komplementäre Polaritäten	Ozeanisches Denken
Perspektivisch	Mental	Dreieck	Räumliche/abstrakt Zeitlichkeit	Gerichtetheit Dualitäten, Verräumlichung	Pyramidales Denken
A-perspektivisch	Integral	Sphäre	Raumfrei/Zeitfrei	Diaphan, „Ganzmachen", Gegenwart, angeborene Integralität realisiert	Wahren, Systase und Synairese

7. Integrales Florilegium: Sekundärquellen, Lektüre, immanentes Erkenntnisstreben

FLORILEGIUM, was aus dem Lateinischen grob übersetzt „Blütenlese“ bedeutet, war eine Form von mittelalterlichen Zusammenstellungen von Textstellen griechischer Philosophen und der frühen Kirchenväter.[237] Maria Papova, Herausgeberin der beliebten literarisch kuratierenden Seite *Brainpickings*, erklärt uns, dass diese Texte „im Wesentlichen ausgewählte Textstellen zusammenbringen und Punkte aus bestehenden Texten verbinden, um ein bestimmtes Thema, eine Lehre oder eine Idee zu beleuchten“. Und, was am wichtigsten ist, dass sie ein Vorläufer dessen sind, was sie als „kombinatorische Kreativität“ und „vernetztes Wissen“ der digitalen Remix-Kultur beschreibt.[238] Für jede gute Idee, die an der Oberfläche der Kultur aufkeimt, gibt es tausend Knoten – wie ein Myzelgewebe – die sich erst unter der Oberfläche verbinden mussten. Popovas Konzepte helfen nicht nur, die Bühne für dieses abschließende Kapitel zu bereiten, sondern sind auch *selbst* Ausdruck einer aperspektivischen Epistemologie (Wissensproduktion).

Das aperspektivische Subjekt *ist* selbst eine Ansammlung: ein Selbst, das nicht als hypertrophiertes Ego realisiert wird – das westliche Bild des einsamen Genies –, sondern ist eine Ökolo-

237. Maria Papova. "Networked Knowledge and Combinatorial Creativity", Brain Pickings: www.brainpickings.org/2011/08/01/networked-knowledge-combinatorial-creativity/ [letzter Zugriff am 5. Dezember 2018].

238. Ebd.

gie, ein Netzwerk seiner Beziehungen und Prägungen. Diese Sichtweise von Wissen und Kunstschaffen befreit uns von der perspektivischen Fixierung (Wissen wird ausschließlich vom Individuum geschaffen) zu einer aperspektivischen Beziehung (Wissen ist Fluss, ist Ansammlung, die nicht nur aus sichtbaren Faktoren besteht, sondern auch von einem unsichtbaren, geistigen Ganzen getragen wird). Es ist daher angebracht, diesen Text mit einer von mir kuratierten und daher keineswegs erschöpfenden Zusammenstellung eines integralen *Florilegiums* zu beschließen, damit der Leser seine eigene Studie über Gebser weiter vertiefen und möglicherweise sogar verschiedene aperspektivische Initiativen und Projekte unterstützen kann.

Organisationen

Gebsers Werk hat viele verschiedene Menschen aus allen Bereichen beeinflusst – Künstler, Philosophen, Architekten, Dichter, Jung´sche Psychologen, transpersonale Therapeuten, Buddhisten, indigene Weisheitsbewahrer, – von denen viele bei den jährlichen Konferenzen der Internationalen Jean Gebser Gesellschaft zusammenkommen. Die Gebser-Gesellschaft, die 1980 von Algis Mickunas (der zusammen mit Noel Barstard 1986 *Ursprung und Gegenwart* ins Englische übersetzt hat) in Athens, Ohio, an der Ohio University gegründet wurde, hat jahrzehntelange akademische Forschung und eine Reihe von Veröffentlichungen in der englischsprachigen Welt hervorgebracht, insbesondere (aber nicht nur) im Bereich der Kommunikation. In vielerlei Hinsicht führen diese Konferenzen in der englischsprachigen Welt fort, was Gebser mit den „Die neue Weltschau“-Konferenzen begonnen hat, die 1952 und 1953 (nach der Veröffentlichung von *Ursprung und Gegenwart*) nacheinander stattfanden und an denen eine Vielzahl von Gelehrten teilnahm.

Ich fühle mich geehrt, als amtierender Präsident der Gesellschaft zu fungieren und bei der Organisation unserer jährlichen Konferenzen mitzuwirken. Die letzte dieser Konferenzen fand 2018 mit dem Titel „Gebser and Asia“ an der Naropa University statt. Die Mission der Gebser-Gesellschaft ist auch heute noch dieselbe: die integrale Pädagogik zu fördern und den Konferenzteilnehmern als eine Art integrale und intensive Praxis zu dienen (darstellende Künste, Poesie und kontemplative Praktiken begleiten stets die akademischen Vorträge).

Unsere Gesellschaft hat eine Reihe von Anthologieprojekten veröffentlicht, wie *Diaphany* (2015), *Communications, Comparative Cultures, and Civilizations* (2008, 2012, 2013) und unsere *Zeitschrift Integrative Explorations: Journal of Culture and Consciousness* (1999-2003, herausgegeben von Michael Purdy), und *Consciousness and Culture: An Introduction to the Thought of Jean Gebser* (1992, herausgegeben von Eric Kramer).

Gebsers Bibliografie, biografische Notizen sowie Konferenzarchiv, Konferenzpublikationen und ein *Listserv* für die Gesellschaft finden Sie auf unserer Website: www.gebser.org. Ich möchte Sie ermutigen, an einer unserer nächsten Konferenzen teilzunehmen oder Ihre eigene Forschung bei uns zu präsentieren.

Für die deutschsprachige Welt gibt es die Europäische Jean Gebser Gesellschaft (Integrale Weltsicht). Rudolf Hämmerli, der Herausgeber von Gebsers Gesamtwerk (*Gesamtausgabe*, 1986/1999), ist Präsident der Gesellschaft. Sie finden die Homepage der Gesellschaft hier: http:// www.jean-gebser-gesellschaft.ch/.

Einrichtungen

Eine Liste von Gebserianern und damit verbundenen Universitäten findet sich auf der Ressourcenseite der Gebser-Gesellschaft.[239] Neben dem Department of History of Science an der University of Oklahoma bleibt das California Institute of Integral Studies ein sehr aktiver Ort für integrale Wissenschaft. Das CIIS hat eine lange Geschichte in der amerikanischen Bewusstseinskultur – dem „integralen Umfeld", das um die Mitte des Jahrhunderts in den Vereinigten Staaten Wurzeln schlug – und geht auf Alan Watts, Frederic Spiegelberg und Haridas Chaudhuri (*The Evolution of Integral Consciousness,* 1978) zurück. Chaudhuri war ein Schüler von Sri Aurobindo, und so sind die Verbindungen zu Gebser offensichtlich.

Eine Reihe bedeutender integraler Philosophen und Gelehrten des erweiterten Umfeldes haben das CIIS als Institution mitgeprägt und Gebser zumindest teilweise in ihre Arbeit einbezogen. Einige wenige können hier genannt werden, wie Robert McDermott (*Steiner and Kindred Spirits: An Introduction to Rudolf Steiner for the 21st Century*, 2009), Richard Tarnas (*Cosmos and Psyche: Intimations of a New World View*, 2006), Allan Combs (*The Radiance of Being: Understanding the Grand Integral Vision; Living the Integral Life*, 1996), Sean Kelly (*Coming Home: The Birth. & Transformation of the Planetary Era*, 2010) und Debashish Banerji (*The Seven Quartets of Becoming: A Transformative Yoga Psychology Based on the Diaries of Sri Aurobindo*, 2012), Kerri Welch, PhD (Stipendiatin der Gebser-Gesellschaft, die über die Philosophie der Physik, der Zeit und des Geistes forscht), und Matthew David Segall, PhD (ein weiterer Stipendiat der Gebser-Gesellschaft, der über die Prozessphilosophie von Schelling und

239. Siehe „Ressourcen". Jean Gebser Society: http://www.gebser.org/resources/ [letzter Zugriff am 1. Dezember 2018].

Whitehead forscht).[240] Allan Combs ist auch Präsident der Gesellschaft für Bewusstseinsstudien am CIIS, die Sie hier finden: https://consc.org.

Sekundärquellen und Übersetzungen

Gebsers Werk hat seinen Weg in viele verschiedene Bereiche gefunden, aber explizite, englischsprachige Sekundär-Quellen sind über die von der Gebser-Gesellschaft veröffentlichten Werke hinaus äußerst selten. Dr. Georg Feuersteins *Structures of Consciousness: The Genius of Jean Gebser* (1987) ist das gelehrteste und empfehlenswerteste Begleitbuch zu *Ursprung und Gegenwart*. Es wird nicht mehr gedruckt, aber Kopien können über öffentliche Bibliotheken oder Universitätsbibliotheken und (hoffentlich) zu einem vernünftigen Preis über Amazon bezogen werden. Feuerstein (1947-2012) war ein herausragender Gelehrter des Yoga, Freund und Kollege von Gebser und langjähriger Teilnehmer der Gebser-Gesellschaft. Bitte beachten Sie seine Arbeit und die Arbeit von Brenda Feuerstein (*Green Yoga*, 2007), die weiterhin publiziert und Mentorentraining bei Traditional Yoga Studies anbietet: www.traditionalyoga-studies.com.

Der Gebser Society Gelehrte und Übersetzer Aaron Cheak hat eine gründliche „philosophische Biographie" von Gebser sowie Übersetzungen von Jean Gebsers Gedichten (*Gedichte*, 1936/44 und *Das Wintergedicht*, 1944) auf seiner Website veröffentlicht.[241] Über Rubedo Press hat Dr. Cheak das ‚Jean Gebser Project' ins Leben gerufen, das der Veröffentlichung „einer

240. Siehe den Blog und die Homepage von Matthew David Segall. Footnotes2Plato. https://footnotes2plato.com/ [letzter Zugriff am 1. Dezember 2018].

Reihe von engagierten Übersetzungen und kritischen Studien von Gebsers Werk“ gewidmet ist, beginnend mit *Rilke and Spain* (1940) und *The Grammatical Mirror* (1944).[242]

Weitere Lektüre (inspirierend und bestätigend)

Bei *Revelore Press* erscheint demnächst ein Sammelband – im gleichen Geist wie die Konferenzen der Gebser-Gesellschaft, wenn auch nur kreativ inspiriert von Gebsers Konzepten – mit dem Titel *Mutations: Art, Consciousness and the Anthropocene* (2019), dessen Mitherausgeber ich zusammen mit Dr. Jenn Zahrt bin.

Wir schreiben darin: „Indem wir durch literarisches, politisches und künstlerisches Schaffen Worte zu Papier bringen, erzeugen wir Instanzen und Mutationen dieser neuen Welten – Realisierungen der in der Gegenwart verborgenen Zukunft.“[243] Die Beiträge reichen von der Astrologie bis zur archetypischen Geschichte und Medienwissenschaft.

William Irwin Thompson, auf den in dieser Arbeit immer wieder Bezug genommen wird, ist ein herausragender Gelehrter auf dem Gebiet der Bewusstseinsforschung. Er hat einige von Gebsers Konzepten übernommen und vertritt einen phänomenologischen Ansatz für die kulturelle Evolution. Nach der Veröffentlichung von *At The Edge of History* (1971) gründete

---

241. Aaron Cheak, “From Poetry to Kulturphilosophie: A Philosophical Biography of Jean Gebser with Critical Translations”, http:// www.aaroncheak.com/ from-poetry-to-kulturphilosophie [letzter Zugriff am 1. Dezember 2018].

242. The Jean Gebser Project: http://rubedo.press/gebser/ [letzter Zugriff am 1. Dezember 2018].

243. Siehe unseren Call for Papers und die Buchbeschreibung. "Kunst, Bewusstsein und das Anthropozän: A Revelore Press Anthology", https:// revelore.press/publications/mutations/ [letzter Zugriff am 1. Dezember 2018].

Thompson die Lindisfarne Association (1972-2012), der im Geiste der aperspektivischen Welt Persönlichkeiten wie E.F. Schumacher, Francisco Varela, Brother David SteindlRast, Huston Smith, Lynn Margulis, Wendell Berry, Gary Snyder, Kathleen Raine, Evan Thompson, Carl Sagan und Joan Halifax Roshi angehörten – um nur einige zu nennen.[244] Für ein autobiographisches Memoir über die Lindisfarne Association, siehe Thompsons *Thinking Together at the Edge of History: A Memoir of the Lindisfarne Association*, 1972-2012 (2016). *Imaginary Landscape: Making Worlds of Myth and Science* (1990) und *Coming into Being: Artifacts and Texts in the Evolution of Consciousness* (1998); beide beziehen sich direkt auf Gebsers Bewusstseinsstrukturen. Kellys bereits erwähntes Buch *Coming Home* stellt einen Vergleich zwischen Gebsers Strukturen, Thompsons kulturellen Ökologien und den mathematischen Mentalitäten her, die Thompsons Kollege Ralph Abraham entwickelt hat (*Bolts from the Blue: Art, Mathematics, and Cultural Evolution*, 2011); er sieht einen Vorteil in Thompson gegenüber Gebser – vielleicht weil er später schrieb, aus dem Herzen der New-Age-Bewegung in den 1970er Jahren – weil er das Integral-Aperspektivische mit dem Begriff der planetarischen Kultur verband.

Ken Wilber hat Gebsers Konzepte für seine eigene, entwicklungsbetonte Integrale Theorie adaptiert. Wilber hat die integralen Konzepte durch seine weithin übersetzten Werke wie *Eine kurze Geschichte des Kosmos* (1996) populär gemacht, und seine Theorie ist seither zur Grundlage einer internationalen Gemeinschaft von Psychologen, Gelehrten, Organisationstheoretikern (z. B. Frederic Laloux und sein Buch *Reinventing*

244. Siehe "Lindisfarne Tapes: A Collection of Conversations about Culture, Society, Technology and Economy," Schumacher Center for a New Economics: https: _ https://centerforneweconomics.org/envision/ legacy/lindisfarne-tapes/ [letzter Zugriff am 1. Dezember 2018].

Organizations, 2014) und Think Tanks (*The Institute for Cultural Evolution* und *Integral Institute*) geworden. Viele integrale Theoretiker in dieser globalen Gemeinschaft sind mit Gebsers Terminologie vertraut – archaisch, magisch, mythisch, mental und integral – aber nicht mit Gebsers eigenem Werk (hoffentlich wird dieses Buch Abhilfe schaffen)! Die Bevorzugung der Integralen Theorie von all-umfassenden, meta-systemischen Landkarten der Realität ist an sich ein *mentaler* Ausdruck, gemäß Gebsers Ansatz (fortschrittsorientiert und linear, sogar *multi*-linear, anstatt mutational und strukturell), sowie perspektivisch (kategorisch, wo *alles* seinen räumlichen Punkt auf der Landkarte hat). Nichtsdestotrotz haben integrale Theoretiker, insbesondere in den letzten Jahren, ein anhaltendes Interesse an alternativen – und komplementären – Konzepten der kulturellen Evolution zum Ausdruck gebracht. Mein Vortrag „Meta-Matrizen, planetary Lattices and Integral A-Waring" auf der Konferenz der Gebser-Gesellschaft 2015 stellte Wilbers räumliche Betonung als eine „janusköpfige" Manifestation der Übergangsperiode zwischen den mentalen und den integralen Strukturen dar.[245]

Gary Lachman – ein weiterer Gebser Society-Gelehrter und Autor vieler Bücher über okkulte Philosophie – hat einige von Gebsers zentralen Einsichten in seine eigene Theorie über die Evolution des Bewusstseins in dem kürzlich erschienenen umfassenden (und empfohlenen) Text *The Secret Teachers of the Western World* (2015) aufgenommen. Der Kulturphilosoph John David Ebert hat eine Reihe von Gebser-inspirierten Texten geschrieben, die wir in diesem Buch zitiert haben (*The New Media Invasion: Digital Technologies and the World the Unmake*, 2011). Der Gebser-Forscher Glenn Aparicio Parry hat das Buch *Origi-*

245. Siehe "Architects of the Integral World", Jean Gebser Society: http://www.gebser.org/2015-program-1 [letzter Zugriff 1. Dezember 2018].

nal Thinking: A Radical Revisioning of Time, Humanity, and Nature (2015) verfasst, in dem die Entwicklung des westlichen Denkens im Dialog zwischen indianischen Ältesten und Wissenschaftlern untersucht wird. Schließlich muss man Daniel Pinchbecks *2012: The Return of Quetzalcoatl* (2007) erwähnen, das dazu beitrug, eine neue Welle der Bewusstseinskultur auszulösen; es stellte Gebsers Einsichten über die Zeit in den Vordergrund der kulturellen Diskussion über die Notwendigkeit einer Re-Integration der mythischen und magischen Zeitausdrücke.

Grundlegende Bücher

Ein paar Schlüsseltexte sind wahrscheinlich notwendig für den integralen Forschenden, um sich an Gebsers höchst einzigartigen Ausdruck der Zeitlichkeit zu gewöhnen: Henri Bergsons *Schöpferische Evolution* (1907) und *Materie und Gedächtnis* (1896) sind hier beide von Bedeutung, nicht als bloße Sprungbretter oder Vorläufer des integralen Denkens, sondern wegen ihrer tiefgreifenden Einsichten in das integrale Denken, ja in die Erforschung der Zeit selbst (es sei angemerkt, dass Bergson für Teilhards Schriften zentraler war). Es war Deleuze, der den Bergsonismus im späten zwanzigsten Jahrhundert wiederbelebte, und so muss ich dem hungrigen Leser auch das Buch *Bergsonismus* (1988) empfehlen.

Gebser bestätigende aperspektivische Denker wie Teilhards Schriften über Evolution und Planetisierung (*Die Entstehung des Menschen*, 1955), eine Mystik der Materie (*Hymne de l'Univers*, 1961) und Sri Aurobindo Ghose (*Das göttliche Leben auf Erden*, 1939 und *Der Integrale Yoga*, 1993) sind notwendige Texte für den ernsthaften Leser.

Ich wäre nachlässig, wenn ich nicht vorschlagen würde, dass der Leser die Gedichten von Rainer Maria Rilke entdeckt, und so sind die Sonette an *Orpheus* (2015), sowie Polikoffs Biographie *In the Image of Orpheus: Rilke – A Sould history* (2011) zu empfehlen.

Als Ergänzung zu Gebsers Erkundung des Perspektivismus möchte ich John Bergers Klassiker *Ways of Seeing* (1990) empfehlen. Schließlich ist Marshall McLuhan – und die Medienwissenschaft als Fachgebiet – ein ausgezeichneter Begleiter für die Lektüre von Gebsers Strukturen. *The Gutenberg Galaxy: The Making of Typographic Man* (1962) und *Understanding Media: The Extensions of Man* (1964) sind Klassiker, die bei jeder Untersuchung der kulturellen Evolution gelesen werden sollten.[246]

Integrales Florilegium

Dieser Abschnitt verdient es, zu einem eigenen Text erweitert zu werden, da eine gründliche Untersuchung der Erscheinungsformen des integralen Bewusstseins in unserer Zeit den Rahmen dieses Einführungsbandes sprengen würde. Dennoch muss auf einige integrale „Blüten“ hingewiesen werden.

Eugene Thackers philosophische Buchreihe, beginnend mit *In the Dust of This Planet: Horror of Philosophy* (2011), ist eine interessante Entwicklung in der Erforschung des Arationalen und der Konzeptualisierung der mehr als menschlichen Welt. Auf ähnliche Weise bringen Graham Harmans *Object-Oriented Ontology: A New Theory of Everything* (2018) und Timothy Morton´s *Hyperobjects: Philosophy and Ecology After the End of the World* (2013) mentale Konzeptualisierungen der objektiven Welt in fremde Gefilde und sollten als Versuch zu einem aperspektivischen

246. Man könnte sagen, dass die Medienwissenschaft, wie sie von McLuhan entwickelt wurde, ein aperspektivisches Feld ist: Sie geht von der Betrachtung von Gegenständen in der Umwelt zu einer Untersuchung der Umwelt selbst über.

Denken gelesen werden. Mortons jüngstes *Being Ecological* (2018) liest sich wie ein Text, der den perspektivischen Anthropozentrismus grundlegend durchbricht.

Kommen wir zur Kunst: Wenn es einen Text gibt, von dem wir glauben, dass er integrales Bewusstsein verkörpert, dann wäre es die vom taoistischen Anarchismus inspirierte Science-Fiction von Ursula K. Le Guin: *The Dispossessed: An Ambiguous Utopia* (1974). Es untersucht die Freiheit in einer anarchischen Gesellschaft. *The Lathe of Heaven* (1971) beschäftigt sich mit Träumen, (mentaler) Kontrolle und der Realität. Le Guins taoistischer Anarchismus spiegelt Gebsers eigene Betonung wider, das „zielgerichtete, zweckgerichtete Denken" der mentalen Struktur durch eine integrale „Absichtslosigkeit" zu ersetzen.[247] In Bezug auf eine integrale Zeitlichkeit fragt Le Guin im Eröffnungsessay von *Always Coming Home* (1985), „Towards an Archeology of the Future": „Was ist weiter von uns entfernt, weiter unerreichbar, schweigsamer – die Toten oder die Ungeborenen?"[248] Und schließlich wird hier Le Guins Übersetzung des *Lao Tzu: Tao Te Ching: A Book About the Way and the Power of the Way* (1998) als kontemplativer Begleiter für den integralen Leser empfohlen.

Wenn Timothy Mortons Hyperobjekte ein Schritt in Richtung des Aperspektivischen in Philosophie und Ökologie sind, dann verdienen Jeff VanderMeers *Annihilation* (2014) und die Southern Reach-Trilogie als literarisches Pendant die gleiche Aufmerksamkeit. Der Roman beschreibt Untersuchungen in einer fremden Zone, Area X, die man ohne weiteres als Hyperobjekt bezeichnen könnte. Anstatt dass wir Menschen herausfinden, was Area X letztendlich ist, werden *wir* in gewisser

247. Feuerstein, *Structures of Consciousness*, 170.

248. Ursula K. Le Guin, *Always Coming Home* (Berkeley: University of California Press, 1985), 4.

Weise von Area X vereinnahmt. Wie ein Rezensent schreibt, „repräsentiert Area X nicht den ökologischen Kollaps, sondern eher den *menschlichen* Kollaps – oder besser gesagt, die menschliche Transmutation“.[249] Der Text ist selbst so etwas wie eine katalytische Lektüre, die beim Leser Momente phänomenologischer Empfänglichkeit hervorruft, in denen er der natürlichen Welt nicht als mythische Bilder oder als magischer Nexus begegnet, sondern als seltsame, unerkennbare Begegnungen mit Singularitäten und diaphanen Wesen.

Es ließen sich noch viele weitere kreative Werke aufzählen, aber es genügt festzustellen, dass in jedem von ihnen ein planetarisches Morgen in der kulturellen Vorstellung der Gegenwart zum Ausdruck kommt. Gebsers eigenes Werk, *Ursprung und Gegenwart*, ist ein solcher antizipatorisch-präfigurativer Text.[250] Dabei spielt es keine Rolle, ob es sich um Fiktion oder Sachliteratur handelt; die Ganzheitlichkeit drückt die Freiheit der „offenen Weite der offenen Welt“ aus.[251] Wir können ihr auf viele Arten begegnen.

249. David Tompkins, “Seltsame Ökologie: On the Southern Reach Trilogy”, Los Angeles Review of Books: https://lareviewofbooks.org/ article/weird-ecology-southern-reach-trilogy/ [letzter Zugriff am 1. Dezember 2018].

250. David Runciman, “The Democracy Project: a History, a Crisis, a Movement by David Graeber-Review,” The Guardian: https:// www.theguardian.com/books/2013/mar/28/democracy-project-david-graeber-review [letzter Zugriff am 1. Dezember 2018]. Unter Bezugnahme auf Graebers „präfigurative Politik“ schreibt Runciman: „Proteste sind nicht dazu gedacht, dem bestehenden System Zugeständnisse abzuringen, sondern den Menschen eine Vorstellung davon zu vermitteln, wie die Welt aussehen würde, wenn es kein System gäbe und die Menschen frei wären, ihre eigenen Entscheidungen zu treffen.“ Ich verwende den Begriff „präfigurativ“, um Gebsers Temporalismus der integralen Freiheit mit dem Projekt der demokratischen Freiheit in Einklang zu bringen (das nicht nur politischer Anarchismus oder irgendein „Ismus“ ist, sondern ein geistiges Projekt).

251. Feuerstein, *Structures of Consciousness*, 170.

Wenn wir auf diese ursprüngliche Freiheit (die wir bereits *haben*, bereits *sind*) mit der schöpferischen Dringlichkeit von Mutationssprüngen – momentanen Einbrüchen einer planetarischen Zukunft – reagieren, lernen wir die notwendigen Lektionen, um die integrale Welt wahrhaft zu begründen.

BIBLIOGRAPHIE

- Balter, Michael. The Goddess and the Bull: Catalhoyuk: An Archaeological Journey to the Dawn of Civilization. New York: Free Press, 2006.
- Banerji, Debashish. Seven Quartets of Becoming: A Transformative Yoga Psychology Based on the Diaries of Sri Aurobindo. New Delhi: D. K. Printworld, 2012.
- Barfield, Owen. Saving the Appearances. Hanover: University Press of New England, 1988.
- Baruss, Imants. Alterations of Consciousness: An Empirical Analysis for Social Scientists. Washington dC: American Psychological Association, 2004.
- Bateson, Nora. Small Arcs of Larger Circles: Framing Through Other Patterns. Axminster: Triarchy Press, 2016.
- Benjamin, Walter. Illuminationen. Suhrkamp, 2010.
- Bridle, James. New Dark Age: Technology and the End of the Future. Brooklyn: Verso, 2018.
- Canavan, Gerry. "'There's Nothing New / Under The Sun, / But There Are New Suns': Recovering Octavia E. Butler's Lost Parables," Los Angeles Review of Books: https:// lareviewofbooks. org/article/theres-nothing-new-sun-new-suns-recovering- octavia-e-butlers-lost-parables/
- Cook, Jill. "The Lion Man: An Ice Age Masterpiece": https:// blog. britishmuseum.org/the-lion-man-an-ice-age-masterpiece/
- Deleuze, Gilles, und Félix Guattari. Anti-Oedipus: Kapitalism

und Schizophrenie. Surhkamp, 1977.
- —. Was ist Philosophie? Suhrkamp, 2000
- —. A Thousand Plateaus: Capitalism and Schizophrenia. New York: Continuum, 2003.
- —, and Claire Parnet, Dialogues. New York: Columbia uP, 2002.
- Ebert, John David. The New Media Invasion: Digital Technologies and the World They Unmake. Jefferson: McFarrland, 2011.
- —. The Age of Catastrophe: Disaster and Humanity in Modern Times. Jefferson: McFarland, 2012.
- Feuerstein, Georg. Structures of Consciousness. Lower Lake: Integral Publishing, 1987.
- Fisher, Mark. Ghosts of My Life. Alesford: Zero Books, 2014.
- Ford, Phil, J.F. Martel, and Michael Garfield. "Living in a Glass Age, with Michael Garfield." Weird Studies. https://www.weird- studies.com/26
- Gebser, Jean. Ursprung und Gegenwart, Chronos, 2015.
- —. Preface to Verfall und Teilhabe. In Feuerstein, Structures of Consciousness, 1987.
- —, and Scott Preston. "Jean Gebser and Integral Consciousness: The Inaugural Post." http://blog.gebser.net/2012/01/jean-gebser-integral-consciousness.html
- Graeber, David. "Occupy Wall Street's Anarchist Roots." Al Jazeera. https://www.aljazeera.com/indepth/opin- ion/2011/11/2011112872835904508.html
- Gray, John. "Steven Pinker is wrong about violence and war." The Guardian. https://www.theguardian.com/books/2015/mar/13/ john-gray-steven-pinker-wrong-violence-war-declining
- Grossman, Pam. Waking the Witch: Reflections on Women,

Magic and Power. New York: Gallery Books, 2019.
- Grusin, Richard. The Non-Human Turn. Minneapolis: University of Minnesota Press, 2015.
- Hardt, Michael, and Antonio Negri. Multitude: War and Democracy in the Age of Empire. New York: Penguin, 2004.
- Jaynes, Julian. The Origins of Consciousness in the Breakdown of the Bicameral Mind. New York: Houghton Mifflin Harcourt, 1990.
- Kelly, Kevin. Out of Control: The New Biology of Machines, Social Sys- tems and the Economic World. New York: Basic Books, 1994.
- —. What Technology Wants. New York: Penguin Books, 2010.
- Kofman, Ava. "Bruno Latour, the Post-Truth Philosopher, Mounts a Defense of Science." New York Times: https://www.nytimes. com/2018/10/25/magazine/bruno-latour-post-truth-philos- opher-science.html
- Le Guin, Ursula K. Always Coming Home. Berkeley: University of California Press, 1985.
- —. Late in the Day: Poems 2010–2014. Oakland: PM Press, 2016. Kindle edition.
- Luna, Luis Eduardo, and Pablo Amaringo. Ayahuasca Visions: The Religious Iconography of a Peruvian Shaman. Berkeley: North Atlantic Books, 1999.
- Martel, J.F. Reclaiming Art in the Age of Artifice: A Treatise, Critique and Call to Action. Berkeley: Evolver Editions, 2015.
- McKenna, Terrence. The Archaic Revival. San Francisco: Harper Collins, 1991.
- McLuhan, Marshall. Understanding Media: The Extensions of Man.
- Cambridge, MA: Mit Press, 1994.

- Morton, Timothy. Hyperobjects: Philosophy and Ecology after the End of the World. Minneapolis: University of Minnesota Press, 2013.
- —. Dark Ecology: For a Logic of Future Coexistence. New York: Columbia uP, 2016.
- —. Being Ecological. Cambridge, MA: Mit Press, 2018.
- Papova, Maria. "Networked Knowledge and Combinatorial Cre- ativity," Brain Pickings: www.brainpickings.org/2011/08/01/ networked-knowledge-combinatorial-creativity/
- Pico della Mirandola, Giovanni. Oration on the Dignity of Man, ed. and trans. Francesco Borghesi, Michael Papio, and Massimo Riva. Cambridge: Cambridge UP, 2012.
- Runciman, David. "The Democracy Project: a History, a Crisis, a Movement by David Graeber—Review." The Guardian. https://www.theguardian.com/books/2013/mar/28/democ- racy-project-david-graeber-review
- Rushkoff, Douglas. Throwing Rocks at the Google Bus. New York: Portfolio/Penguin, 2017.
- Sample, Ian. "Neanderthals Built Mysterious Cave Structures 175,000 Years Ago." The Guardian. https://www.theguardian.com/science/2016/may/25/neanderthals-built-mysteri- ous-cave-structures-175000-years-ago
- Shlain. Leonard. The Alphabet Versus the Goddess. New York: Penguin/Compass, 1998.
- Sloterdijk, Peter. Du musst Dein Leben Ändern, Surhkamp 2012.
- Tarnas, Richard. The Passion of the Western Mind. New York: Ran- dom House, 1991.
- ———. Cosmos and Psyche. New York: Penguin, 2006.
- Tart, Charles. The End of Materialism: How Evidence of the Paranor- mal is Bringing Science and Spirit Together.

Oakland: New Har- binger, 2009.

- Teilhard de Chardin, Pierre. Hymn of the Universe. New York: Perennial, 1972.
- Thacker, Eugene. In The Dust of This Planet. Alesford: Zero Books, 2011.
- Thompson, William Irwin. Passages About Earth: An Exploration of the New Planetary Culture. New York: Harper & Row, 1974.
- —. Pacific Shift. San Francisco: Sierra Club, 1985.
- —. The Time Falling Bodies Take to Light: Mythology, Sexuality and the Origins of Culture. New York: Saint Martin's Press, 1996.
- —. Coming Into Being: Artifacts and Texts in the Evolution of Consciousness. New York: St. Martin's Griffin, 1998.
- —. Self and Society: Studies in the Evolution of Culture. Exeter: Imprint Academic, 2009.
- —. Coming into Being: Artifacts and Texts in the Evolution of Con- sciousness. Berkeley: Evolver Editions, 2015.
- Tolkien, J.R.R. "Mythopoeia," in Tree and Leaf, including the Poem Mythopeia. Boston: Houghton Mufflin, 1988.
- Tompkins, David. "Weird Ecology: On the Southern Reach Trilogy." Los Angeles Review of Books. https://lareviewofbooks.org/arti- cle/weird-ecology-southern-reach-trilogy/
- Toulmin, Stephen. "The Inwardness of Mental Life." Critical Inquiry
- 6.1 (1979): 1–16.
- Virilio, Paul. Speed and Politics. Los Angeles: Semiotext(e), 2007. Wahlquist, Calla. "A Life in Quotes: Ursula K Le Guin." The Guardian. https://www.theguardian.com/books/2018/jan/24/a- life-in-quotes-ursula-k-le-guin

- Webb, Hillary S. Yanantin and Masintin in the Andean World: Comple- mentary Dualism in Modern Peru. Albuquerque: University of New Mexico Press, 2009.
- Wilber, Ken. The Collected Works of Ken Wilber, Volume 2. Boston: Shambhala, 1999.
- Zakroff, Laura Tempest, ed., The New Aradia: A Witch's Handbook to Magical Resistance. Seattle: Revelore Press, 2018.